被封印的唐史

盛大帝国的朝野死角

魏风华 著

中国出版集团 现代出版社

目录 / Contents

地狱变

一这个杀手不太冷

在唐朝，除武宗皇帝一度灭佛外，其他时期佛教盛行。这方面的绘画也十分发达，阎立本、吴道子、卢稜伽、王维等人都是大家。至于周昉、张萱、韩幹、张璪等以画仕女、骏马、松石著称的画师，也经常画点跟佛教有关的作品。当时，这类画已呈现出世俗化倾向，比如长安道政坊宝应寺中的《释梵天女》，就是唐代宗时宰相王缙家的歌伎小小的写真。佛教绘画在当时主要包括卷画和壁画，这就不能不提到我们所熟知的盛唐画家吴道子。

吴道子又名道玄，阳翟（今河南禹州）人，幼年丧父，生活贫寒，少为民间画工，曾跟书法家张旭、贺知章学狂草，却半途而废。学书法不成，改学绘画，习张僧繇。后在山东一个小县做了几天县尉，后不耐俗事，拂衣而去，流浪东都。在洛阳，几年过去了，画技已精，但仍无名声，前途渺茫。正在这时，有个人给他出主意：何不去长安碰碰运气？

长安？

从东都到西京的路有多远？那的确是吴道子的人生转折。

到长安后没两年，吴道子便名满京师，成为当红的皇家画师，与仕女画第一高手张萱并称画坛双星。

任何时代，伟大的艺术家都有作为开创者的一面，吴道子也不例外。盛唐画坛虽然隆盛，但在人物画方面，沿袭的依旧是东晋顾恺之的"游丝线描法"，吴道子天纵其能，首创"兰叶描"，用状如兰叶的笔法表现人物的衣褶，画面遒劲有力，凝神观之，有飘动之势，人赞之曰"吴带当风"。

吴道子能画人物，亦能画山水。跟卷画比起来，他更爱作壁画。这跟性格有关。道子原本就是无拘无束、天马行空的人，而壁画需要的正是这个。他曾在皇宫大同殿画《嘉陵江山水三百里图》，汹涌激荡，叫玄宗皇帝也没法不在其身后扯着嗓子喊好。

作为皇家画师，吴道子经常跟随玄宗出游。有一年，他们去了洛阳。吴道子故地重游，当然感慨万千。一日，与旧相识聚会，座上有将军裴旻、书法家张旭。张旭自不必说，当时第一狂草大师，裴旻则是剑术高手。所以，在那个局上，裴旻舞剑，张旭挥毫，众人抚掌。喝到痛快处，吴道子振衣而起，当众画壁，一笔而就，有若神助，观者叹道：一日中获睹三绝，真人生之幸事！

说到这里，插一句，中晚唐之际，文宗皇帝以朝廷名义下了道诏书，内容很有意思：封张旭的草书、李白的诗歌、裴旻的剑术为"唐三绝"。也就是说，通过政府公文的形式，明告全国和域外：记住了，这三样是我们大唐的骄傲。不过，这只是一个版本，"唐三绝"还有另一份名单：吴道子的绘画、裴旻的剑术、张旭的草书。在这份名单上，吴道子取代了李白。

吴道子的壁画多是佛教题材。裴旻丧母，在洛阳守孝期间，请吴道子为其在天王寺画《鬼神图》。吴道子之前一段时间一直在休假，所以对裴旻说："将军！我很长时间没作画了，若你有意，在我画壁前，为我舞剑一曲，以助灵感，不知可否？"

裴旻剑术，大唐无双，李白曾跟其学剑，其人亦豪爽，脱去孝服，叫人奏乐，随后飞身上马，长剑在手，奔驰往返，所舞之处，青光闪寒，又抛剑入云，高达数十丈，凌空飞旋，一如电光下射。一曲既罢，裴旻手持剑鞘，当空接承。此时天王寺外观者如云，见此情景，无不惊悚。而那剑，却直插入鞘，一时间掌声雷动。吴道子随即起身，凌身画壁，俄顷之际，鬼神森然现于壁上，时有风吹来，诸像生动，势若脱壁，一面杰作由此诞生。

吴道子好酒，每欲挥毫，必须酣饮。有一次，在长安兴善寺画《天王图》，士民围了个水泄不通。吴道子半醉，"立笔挥扫，势若旋风"，人们惊讶未平之际，壁上已是佛光闪耀。对很多画师来说，画佛顶上的圆光时，必须使用规尺，但吴道子却一挥而就。很多时候，与其说吴道子是在画壁，不如说他打了一趟拳，一气呵成的精妙即在于此，以致每次画壁时都观者如云，被称为京都盛事。

作为皇家画师，吴道子的官方身份是"内教博士"，这是个从五品的官，又为"宁王友"，宁王是玄宗的哥哥。按规矩，皇家画师是不能接私活的。但无论是玄宗还是宁王，都比较宠爱吴道子，所以在这方面比较放开。只要吴道子想去寺院画壁，他们并不阻拦。几年下来，吴道子在长安、洛阳的名寺画壁三百面，不但广播了声名，还收入了不少银子。

吴道子在著名的慈恩寺所绘文殊、普贤像以及降魔盘龙图曾轰动一时。尤其是龙须苍劲如铁，临近后顿觉刺感。此外，很多人还惊奇地发现：壁画上，菩萨的目光随着参观者的移动而转动，流波欲语。这太不可思议了。后来，人们才知道，画菩萨眼睛时，吴道子使用了曾青和壁鱼。

曾青呈蓝色，用现在的说法，主要成分是碱式碳酸铜，在当时是一种丹药原料；壁鱼就是书虫了。将这两种东西捣碎混入颜料，绘出的菩萨目光明亮闪烁，仿佛在放光，极其生动。曾青产于蔚州、鄂州两地，吴道子为获取这种材料，不惜出重金叫人去采；至于书虫，虽然不难找，但由于太微小，故而需要的数量非常庞大。不过，这些对吴道子来说都不是问题，因为他有钱而且肯出钱。

吴道子怎么研究得出曾青、壁鱼可入画增光，我们不得而知。我们知道的是，这个秘密最终被泄露，于是很多画师都纷纷效仿，一时间捕捉书虫成了很多人的新职业。

在长安，吴道子画壁最多的寺院集中在平康坊。比如，在坊内菩提寺就留下多面壁画：食堂前东壁上画有《色偈变》，破例题字，"笔迹遒劲，如磔鬼神毛发"，又画有《礼骨仙人图》，画技精湛，天衣飞扬，漫壁风动；佛殿后壁上画有《消灾经》，树石古险，令人称奇；佛殿东壁上，画的则是《维摩变》，亦不落俗套。

吴道子之所以喜欢在菩提寺画壁，一是因为它位于作为娱乐区的平康坊，又紧挨着热闹的东市，即使夜里长安城宵禁时，这里的酒楼歌馆依旧营业。还有一个原因，出现在《酉阳杂俎》里，就是寺里的会觉上人自"酿酒百石，列瓶瓮于两庑下，引吴道玄观之。因谓曰：'檀越为我画，以是赏之。'吴生嗜酒，且利其多，欣然而许"。

不过，吴道子一生最杰出的壁画，跟上面提到的那些没什么关系，而是出现在常乐坊赵景公寺南中三门东壁上的一幅白描作品。

赵景公寺为隋文帝皇后独孤伽罗所建，为的是纪念其父，也就是南北朝时西魏大将独孤信（封赵国公，谥号景）。所以，有相当一段时间，这座寺院在长安是排前几名的。寺院西廊下，有知名画师范长寿画的《西方变》，画面中的宝池尤其妙绝，凝神视之，感觉水入浮壁；院门上白描树、石，颇似更知名的画师阎立德的风格（段成式曾携带自己收藏的阎立德的绘画稿本当场对照）。寺内华严院中的卢舍那大佛像，用金石雕成，高六尺，风格古朴，其样精巧，为镇寺之宝。据说下面有卢舍那大佛的真身舍利三斗四升。此外，寺中还有小银像六百余座，大银像和大金像各一座，均高六尺多；又有镶有各种宝珠的佛经屏风一架，以及黄金铸成的经书一部。

按理说，这个寺院的实力够强大了。但到了盛唐时代，很多寺院迅猛崛起，比如慈恩寺、青龙寺、荐福寺、西明寺、禅定寺、菩提寺、大兴善寺。这些寺院，不少都是李唐的皇家寺院，而具有隋朝皇家背景的赵景公寺，自然被冷落了不少。尤其是进入玄宗时代后，这家寺院每况愈下，在长安只能勉强排在中游的位置了。一段时间以来，关于该寺最有名的新闻居然带有八卦色彩：其寺前街有一古井，俗称八角井，水特别甜。唐中宗时，淫逸骄奢的安乐公主路过，叫侍女用金碗在该井取水，结果碗坠而不出，一个多月后，现于长安城外的渭河。

以上传闻是真是假不好说。

因为玄宗时，长安各个寺院间的竞争已趋白热化。为了招揽香客，诸寺使出浑身解数。比如，京西的持国寺为吸引香火，声称他们砍伐寺前槐树时发现奇事：每片木头上都有一位天王的形象。尽管人们指责是假新闻，但该寺还是火了一把。

任何寺院都希望香火旺盛。在唐朝时，香客多也就意味着施舍的银子多，进而能翻盖更宏伟的寺院。如此一来就会受到权贵乃至皇家的关注，僧人在长安佛界的地位也就越高。住持们为了提高自己寺院的水平而冥思苦想。

一向以修行高深著称的赵景公寺的住持广笑禅师也未能免俗，欲花重金请吴道子为其画壁。给广笑出主意的是其贴身弟子玄纵。玄纵的原话是："师父，据我所知，您与那吴道子在洛阳时就认识，何不拉一下关系？否则，我赵景公寺就越来越冷清啦。"

对弟子的建议，广笑是有些迟疑的。他确实跟吴道子是旧相识。当年吴道子落魄洛阳，正是广笑给他出的主意：何不去长安碰碰运气？那时候，广笑刚在白马寺出家。有一次，吴道子没饭吃了，到白马寺混饭，闲聊时点了吴道子那么一下。这条道儿是如此重要。但就两个人来说，却没什么深入的交往。

面对师父的迟疑，玄纵说："何必顾虑？该多少钱，我们给吴道子多少钱，一笔买卖而已。据弟子所知，吴道子的官价，是每面壁画三千两银子，这点钱我们寺院还是出得起的。当然，如果他念旧情，打点儿折，我们也乐于接受。"

广笑道："为师担心的不是这个。那吴生虽为皇家画师，但却喜欢在寺中画壁，从东都到西京，很多寺院都请过他了，据我掌握的信息，他已画壁至少三百面，这长安城里就有二百多面，我们再请他画壁，跟其他寺院相比，又如何有独特的优势？"

玄纵是个聪明小子，想了想，说："弟子以为那些寺院只是追风而已，他们仅仅停留在拥有吴道子的壁画，而没有深究其中的奥秘。"

广笑一皱眉。

玄纵继续说："香客们入寺朝拜，施舍钱财，大约分两类，一是真心向我佛门；二仅仅是为求今生平安富贵，志得意满，死后不堕入地狱。后一类占了大多数，而且多是达官显贵。所以，画壁的内容非常关键。而那些寺院，往往只请吴道子画些平常的题材，如菩萨、天王、鬼神，不能最大限度地震慑凡夫俗子。如果我们能独辟蹊径，请吴道子画一面特别的作品，一方面既可劝人行善，另一方面又可使我寺重现辉煌，何乐而不为？师父博闻广知，深谙佛法故事，所以……"

广笑点了点头，闭目思忖，突然睁开眼，道："《地狱变》？"

按佛教说法，生灵分六道轮回：天道、人道、鬼道、畜道、阿修罗道（阿修罗即界于人、鬼、神之间的精灵）和地狱道。作为六道之一的地狱，是最苦的。在佛教中，地狱是用来劝诫别人的。佛教典籍通过对地狱的黑暗与恐怖的描述警告人们：活着时，不可作恶，否则死后当下地狱，受尽折磨。

就在玄纵要请吴道子的时候，广笑一把拉住他，说："《地狱变》规模宏大，人物繁复，耗时必长，仅凭我和他的一点交情以及三千两银子是不够的，要想叫那吴生全身心地创作此画，还需要一样东西……"

广笑在玄纵耳边低语几声，后者听完后，说："师父毕竟是师父啊。"

广笑清朗的笑声响彻赵景公寺。

玄纵联系吴道子时，后者刚刚在永安坊永寿寺完成《变形三魔女》的创作。

对吴道子来说，不是随便哪个寺院请他就去的，一是看他的心情，二是看他对该寺的感觉。前面说了，玄宗和宁王给了他很大的自由度，所以吴道子也很知趣，在外面通常只接三五天内完成的活儿，超过这个天数的题材根本不画。

此日，当玄纵小和尚出现在吴道子面前时，吴道子正带着王耐儿、释思道、李生、翟琰、张藏、韩虬等弟子在平康坊的一个酒楼喝酒。吴道子带徒苛刻，经常揍徒弟。出师前，这些弟子跟随吴道子只干两件事：一是临摹他的作品，二是在吴道子画完后负责填染色彩。也就是说，他们只有真正出师后才可以自己创作。

见到吴道子，玄纵的第一句话是，我是赵景公寺广笑禅师的弟子；第二句是，我家师父有好酒。

最近一段时间，吴道子心情不佳，苦闷难以向人表述。所以当看到又有僧人找他时，就显得很烦躁。不过，听到是广笑的弟子，且有好酒时，便道："莫非那广笑也庸俗了，要请我画壁？"

这时候，王耐儿等众弟子齐声道："我家师父最近不接活儿！"

玄纵嘿嘿一笑，拉了把椅子坐下，说："这次大师是必去不可的，我家师父为您准备的是一大坛昆仑觞，而且请您画的是《地狱变》……"

吴道子一愣："《地狱变》？'昆仑觞'？"

当年在洛阳时，吴道子一度追随被称为"醉中八仙"的书法家张旭学狂草，虽然没学成，但却在张旭那里学到不少美酒的知识，其中就包括玄纵说的"昆仑觞"。

关于此酒，《酉阳杂俎》中有记载，北魏时，有重臣贾锵，他家有一仆人，尤善辨别好水，"常令乘小艇于黄河中，以瓠瓟接河源水，一日不过七八升。经宿，器中色赤如绛，以酿酒，名昆仑觞。酒之芳味，世中所绝"。也就是说，造酒的水，取自黄河源头，极为珍稀。

"昆仑觞"在北魏时诞生后，即被认为是酒中的绝品。由于量小而极为珍贵。到唐朝时，其造酒秘术仍不外传，而被贾家的后人独享，按照开元元年的记录，在整个帝国范围内，只供应长安、洛阳、成都、扬州四大城市。其中，长安仅供应九十坛而已。这里面有一半会被皇家买断，其余的流落市面，亦多为权贵所抢。一年前，这种酒，一坛子已炒到纹银八百两。当然，对长安的很多人来说不缺这点银子。但问题在于，由于数量极少，有钱也没处买。在一次宁王的夜宴上，吴道子曾品得一杯"昆仑觞"，味道至今叫他难忘。这种酒市面上很少见，那广笑老和尚又怎么会弄来？吴道子打了个问号。

玄纵说："大师不要生疑，作为酒中仙人，您自知这'昆仑觞'非常人所有，这坛酒乃家师十年前意外所得，一直藏于寺中，看来倒是与大师有缘了。缘，不可失，亦不可拒啊！"

吴道子大笑："你果然是广笑的徒弟，他爱酒，多年前在洛阳白马寺我即知。"

玄纵说："大师答应了？那三千两银子……"

吴道子凑近玄纵，压低声音说："《地狱变》场景盛大繁复，三五日内如何完成？三千两银子远远打不住吧？"

玄纵说："您与家师毕竟是故人啊！"

正在这时，几名美女簇拥着一位白衣秀士上得酒楼。见到吴道子，秀士上前相拜，但并不说话。吴道子亦不语，只是摆了摆手，随后继续跟玄纵说话："可我并非为广笑私人画壁，而是为你家赵景公寺啊。"

说罢，吴道子放声大笑，带着王耐儿等众弟子呼啸而去。

走到楼下时，吴道子突然止步，回头大声道："告诉我那故人，我三日内即入寺去画《地狱变》！"

吴道子本不是爱财之辈。虽然他要价很高，那只是彰显身份而已。这些年，皇家赠予加上私活儿所得，吴道子收入颇丰，但也只是在长安、洛阳买了两处房子，在终南山修了处别墅而已。其他所得，除了用在喝酒上外，全部接济了穷人。有一次，在长安东市，吴道子一次发放给贫民十万两银子。此事在朝中引起纷纷议论，但吴道子依旧我行我素。因而，银子不是一个问题，何况与广笑还是旧相识。如此说，是那坛"昆仑觞"起了作用？但这不是全部秘密所在。

吴道子爱酒，可不是个浑人。从这个角度说，真正吸引他的还是《地狱变》这个题材。关于地狱，《酉阳杂俎》"贝编"一门中专门做过介绍：

地狱分生地狱、黑绳地狱、八寒地狱、八热地狱、阿鼻地狱等十八层。其中，生地狱即活地狱，又分三种：在人间罪过轻的，入活地狱后依旧为人形；罪过稍重的，则化为畜生；更重的，既不成人形，也不成畜形，而为一个个肉块，预示将遭受无边的痛苦。八寒地狱也非常恐怖。坠入八寒地狱，将会遭遇极度深寒的折磨，皮肤、唇舌、骨头将尽被冻裂，痛苦无比。与八寒地狱相对的是八热地狱。而最深一层，则为阿鼻地狱，即无间地狱，也就是我们说的无间道。凡入无间道的人，将受尽一切苦难，永世无有间歇，永世接受煎熬，永世不得轮回。

作为佛教壁画中最宏大最具挑战性的题材，《地狱变》的内容就是这厉鬼诸魔、刀山火海、冷热煎熬，以及最残酷的刑罚。为的是警告人们生前必须向善，否则死后即有惨烈的场面在前头等待。《地狱变》不仅涉及鬼怪众多，而且地狱类型也非常繁复，整个场景阴森恐怖，是常人所难画出的。在当时，即使经验丰富的老画师碰这个题材，也只是试探着作作卷画而已，在广阔的壁上做大规模描绘，整个帝国范围内还没有人敢于尝试。而且，想画成这个题材，从构思、起稿、勾描，再到上色、完工，黑天白日连轴转，最保守的估算，也需要半个月的时间。

吴道子已决定向皇家请假，破除万难带着弟子们入住赵景公寺，画这《地狱变》。他急需要这样一面盛大的新作。其中的因由只有他自己知道。

这天午后，在看到广笑禅师时，吴道子说的第一句话是："故人！'昆仑觞'何在？"

广笑再次爽朗地大笑："果然是吴生啊！"

广笑问吴道子何日可完成那《地狱变》，后者答："多则半月，少则十日。"

广笑说："半月后是七月十五中元节，那老衲就向外界宣布此日揭幕伟大的《地狱变》？"

吴道子说："这有何难？拿酒来吧，先喝上两天再说。"

"昆仑觞"确是美酒，两天过后，吴道子已把一大坛子喝光，而意犹未尽。虽然酒喝得不错，但作画时出了些问题。具体地说，喝了两天酒，当第三天画壁时，吴道子居然手足无措，灵感全无。这种情况在以前是没有过的。王耐儿等众弟子在道子身后窃窃私语，站在一旁的广笑禅师和玄纵亦交头接耳，最后广笑笑道："吴生啊，酒喝得还不到位吗？"

吴道子摇摇头，掷笔于廊下，疾步走出赵景公寺。

如果说开始时广笑禅师还笑得出来，那么几天过后他就有点揪心了。因为这样的掷笔而去在随后几天又发生多次，他不免深深地忧虑起来：如果吴道子的《地狱变》在七月十五中元节不能按时出现在香客面前，那么丧失信誉的赵景公寺就真的一败涂地了。

一转眼，时间过去了一半，离中元节只有短短七天了。而赵景公寺南中三门东壁上仍空空如也。开始，掷笔后，吴道子出去转悠一圈儿就回来，一头扎进禅房里。但自上一次出去后，吴道子已连续两天没露面了。而弟子们也不知道他去了哪儿。最后，找了几圈儿，玄纵才在长安郊外曲江别墅旁发现昏睡于花树间的吴道子。

吴道子呆呆地望着满头大汗的玄纵，后者说："不是我家师父着急，只是这《地狱变》的揭幕日期已向外公布，到时候如果完不成，我赵景公寺必遭重创！"

吴道子盘腿而坐，沉吟片刻，道："我心中自是有数。"

玄纵说："实不相瞒，由于这两天找不到您，我家师父非常着急，为保万全，已有意邀请皇甫轸在寺院西壁另作《地狱变》了。"

吴道子徐徐抬起头："皇甫轸？"他揪住玄纵的领子，像是自言自语，随后又缓缓地放开。

玄纵说："正是画坛新锐皇甫。据这小子说，他五日内即可完成《地狱变》。不过，我家师父还未最后答应，因为需要跟您做最后的确定。"

吴道子说："你回去吧，七月十五日前，我必然完成画壁，否则当投曲江而死！"

玄纵嘿嘿一笑，说："多谢大师。"

打发走玄纵，吴道子长啸一声，引得寻花野步的仕女们纷纷转颈回望。吴道子整了整衣冠，冲她们微微一笑。

没错，皇甫轸就是那日在酒楼上看到的白衣秀士。

关于皇甫轸，我们知之甚少。同样，对吴道子来说，也不太了解此人的底细，只晓得他出身寒微，但极具绘画天分，是长安画坛最近冒出的新星。此人不但技艺精湛，而且年轻英俊，已有人预言：不出三年，此子当为领一代风骚者。

当晚吴道子即返回赵景公寺，恭敬地拜访了广笑禅师。

广笑又一次爽朗地大笑，说："吴生！我是相信你的，你是我华夏一千年才出的一个天才，《地狱变》固然不易，但又如何难得住你？"

吴道子唯笑而已。

但转天画壁时依旧没感觉。吴道子怪叫一声，跌坐于壁前，胸口如被人重击，隐隐地作痛。王耐儿等诸弟子惊呼着拥上前，围住他们的师父。吴道子望着手中的画笔，那笔如枯枝一般。这叫他想到了自己。最近一段时间，他的年华也如手中的笔一样枯萎了。这一年，吴道子已整整五十岁。所谓年过半百，大好青春跟他已经没什么关系了。不久前，在永安坊永寿寺和光宅坊光宅寺画壁，他就已经有些力不从心了。

离中元节只有三天了。

这天晚上，长安天空，明月高悬。吴道子打坐在禅房，陷入无法摆脱的迷思。但无论他想什么，皇甫轸那张俊秀的脸都盘旋不去。去年年底，一个令吴道子讨厌的文艺评论家就断言：皇甫轸取代吴道子成为长安第一画师已经进入倒计时。据说，一向以搜罗文艺名士为己任的宁王也有意把皇甫网罗门下。某座上客甚至提议宁王，叫吴道子和皇甫轸当场比画……

说起那皇甫轸，成名作是一年前绘于宣阳坊净域寺南壁上的《鬼神图》。这个题材吴道子曾在洛阳天王寺画过，这些年来被认为是他第一代表作。所以，当皇甫轸崛起后，人们便拿两幅《鬼神图》作对比。多数人还是认为吴道子的更胜一筹，但也有人认为皇甫轸的作品在神韵上超过了吴道子。宁王曾专门问到过这个问题，叫吴道子说一下这两幅画哪个更好。吴道子能说什么呢？皇甫轸的《鬼神图》他是偷偷去看过的。虽然画得是鬼神，但灵气十足，飘逸洒脱，别有韵致。最后，吴道子说："那后生叫我想起多年前的自己，正走在从洛阳到长安的大路上。"这不能不说是个巧妙的回答，所以当时宁王仰天大笑。

但吴道子明白，皇甫轸异军突起已然是个事实。因为自他给净域寺画《鬼神图》后，该寺香客大增。在此前，因有蛇妖作祟的传闻，该寺的香火已是很冷清了。随后，皇甫轸又在吴道子的地盘平康坊菩提寺画了《净土变》，引起巨大轰动，被认为是年度最佳壁画。壁画完成之日，平康坊的歌伎纷纷停业而涌向菩提寺，为的是一睹这绝佳的作品和帅气的皇甫才子。

在赵景公寺，白衣皇甫仿佛一堵风动的墙壁，压得吴道子喘不过气来。当然，身后的弟子们对此一无所知。他们只知道，三年前，师父在崇仁坊资圣寺秉烛醉画《维摩变》，震惊了长安。

可是现在呢？

在午后寂静的禅房里，一个想法的轮廓终于慢慢清晰起来。它的出现，是一个偶然的遭遇，还是在内心深处蓄积已久？吴道子睁开眼，一时不能明白。随后，他溜出赵景公寺，一个人往各色人等会集的东市溜达而去。

明天就是七月十五中元节了。

玄纵大骂吴道子。广笑禅师则不动声色，似乎已死心，又像是在等待什么。

傍晚时分，弟子王耐儿闯进吴道子所在的禅房，说皇甫轸在跟人打架斗殴时，被人失手打死，现凶手在逃。

吴道子紧闭着眼，说："知道了。"

王耐儿说："这真是天佑师父啊！"

吴道子睁开眼，说："你什么意思？"

王耐儿说："如果那皇甫小子不死，定是师父最强大的对手！"

吴道子大吼道："一派胡言！"

王耐儿吓得连连说是，在转身退出时，又被吴道子叫住，问："你也觉得皇甫以后会超过为师吗？如果你要觉得不是的话，就开口告诉我吧。"吴道子喜欢王耐儿的鬼马聪明，不久前曾破例叫他在菩提寺内雕塑了一尊神像。他的这些弟子，往往是绘画和雕塑全能的。

王耐儿一阵沉默后，笑道："当然是师父最厉害。"

吴道子摆了摆手，说："你下去吧。"

中元节俗称鬼节，又称盂兰盆会日。这一天的下午，长安万众都奔向了赵景公寺，吴道子一夜之间画成工程巨大的《地狱变》的传奇仅仅在半天的时间里就传遍了整个京城。

作为一幅没上色的白描作品，《地狱变》所展现出的阴森恐怖震惊了长安士民。

壁画中，吴道子并没有刻意地去描绘厉鬼的狰狞，更无刀林、沸镬、牛头、阿房，而是以新死之人复杂传神的表情传达所受的煎熬和各种地狱的阴惨，"使观者腋汗毛耸，不寒而栗"。多少年后，玄纵已变成老僧，有访问者看到这面壁画，问当时的情景，玄纵说："吴生画此《地狱变》成之后，都人咸观，皆惧罪修善，两市屠沽，鱼肉不售。"（出自朱景玄《唐朝名画录》）也就是说，很多整日杀生的屠夫渔户，看到那画后也吓得为之改行了。

正因为这面《地狱变》，赵景公寺一下子成为长安最火爆的寺院，前来上香施舍的平民、权贵络绎不绝。他们在吴道子的画面中感受到地狱之可怕，施舍金钱为的是死后不坠入这恐怖的幽冥。

一百多年后的晚唐时代，深谙佛法的段成式亦曾参观赵景公寺，在南中三门东壁上亲睹《地狱变》。在壁画前，见多识广的段成式也竖起了寒毛，《酉阳杂俎》里做了这样记载："常乐坊赵景公寺，隋开皇三年置。本曰弘善寺，十八年改焉。南中三门里东壁上，吴道玄白画地狱变，笔力劲怒，变状阴怪，睹之不觉毛戴……"又诗如下："惨淡十堵内，吴生纵狂迹。风云将逼人，鬼神如脱壁。"当时段成式的挚友张希复亦在，张则称："冥狱不可视，毛戴腋流液……"

由于段成式本人信奉佛教，跟长安各寺院的高僧关系又颇佳，所以《酉阳杂俎》"寺塔记"中的吉光片羽中不乏珍闻，其中一条竟然是："宣阳坊净域寺……院门里面南壁，皇甫轸画鬼神及雕形，势若脱。轸与吴道玄同时，吴以其艺逼己，募人杀之。"

就在万众拜向《地狱变》的时候，吴道子正在广笑禅师的房中。一旁侍立的玄纵嘴角似乎露出一丝难以察觉的笑。广笑终于睁开眼，说："吴生！我知道，没有在心中下过地狱的人，是不会画出这样的杰作的，对吗？”

吴道子心如刀绞，无法抬头。

禅师继续道：“大千世界，万众芸芸，唯心最灵，心中有道，则必有义，有义者，必向善。此次我请你画《地狱变》，尽展地狱之恐怖图景，就是劝恶灵向善。人活着，须崇道、尚义、重善，只有这样，死后才不会下地狱，遭受那无尽的煎熬与痛苦。也只有这样，才不枉费这一世人生啊！”

吴道子冲出赵景公寺。

他浸泡在郊外的曲江池。清澈的水流冲过他身上的每个角落。在这并无变化的世界里，吴道子的恐惧之情一点点紧缩，是想到了那后生英俊的面容，还是年轻时向长安进军的自己？是啊，正如广笑禅师所言，他所要画的《地狱变》不正是要劝人向善以免死后堕入地狱幽冥吗？抑或正因为深深的悔恨，才灵感突来而在一夜间画出这旷世的杰作？吴道子泪如雨下。

暗算

一玄武门之谜

贞观二十三年（649）五月二十六，唐太宗李世民暴死于长安翠微宫含风殿。

在死前，李世民或许会想起唐高祖武德九年（626）六月初四的那个遥远而闷热的早晨。

那一天，他再次披挂上马，伫立于皇宫玄武门。

只不过这一次决杀的，不是割据的群雄，而是他哥哥太子李建成和弟弟齐王李元吉。这当然是众所周知的故事。不过，下面涉及的一些细节，大约别有不同。

讲"玄武门之变"前，先看看多年后李世民本人的死亡真相。

李世民死时只有五十岁（隋开皇十八年十二月戊午出生，转换成阳历是公元 599 年 1 月 23 日）。在贞观十九年（645）征高丽前，他身体是非常好的。唯一有点问题的，是脾气日益暴躁。

这跟一起似有似无的政变有直接关系。

政变牵扯到了侯君集。在为李世民打江山的凌烟阁"二十四功臣"中，侯君集排名第十七。

生逢乱世的侯君集，虽没什么文化，但天赋聪明颖异，为人矜傲凶狠，投李世民后，功勋卓著。李世民即帝位，以侯君集为兵部尚书，掌握帝国兵权。后转为吏部尚书，管人事。侯君集曾协助李靖攻灭吐谷浑，随后又独自征服西域古国高昌，掠夺珠宝无数，很多都入了私囊，因此事受到大臣们的弹劾。

这是个转折。

李世民对"高昌事件"没有深究。

当然他也不傻，知道以侯的个性也许以后真会闹出乱子。

不过，他相信：自己在，就能镇得住他。可没想到，被宽恕的侯君集跟渐受冷落的太子李承乾勾结上了。

关于李承乾的问题不必多说，有李世民这样强势的父亲，那么李承乾的生活肯定是非常难受的，一如当年汉武帝的太子。

贞观十七年（643），李世民有另立太子的意思。

按史书上的说法，侯君集趁机鼓动太子发动政变，夺取帝位。事情最后失败（**人家李世民本身就是靠政变上位的，自然熟悉这一路**），侯君集下狱。但他拒绝承认罪责，被处斩时留下这样的话："君集岂反者乎？"

李世民有意再宽恕侯君集一次，但"群臣不许"。不过，史书上这一记载有点可疑。

据说，处斩那天君臣二人都潸然泪下。场面看上去够感人的了。李世民说："以后，我只能到凌烟阁看你的画像了。"杀，还是要杀的。在这个问题上，李世民是绝对不会含糊的。至于侯是否真有谋反之意，只有天知道了。

侯君集被杀，太子承乾也被废，流放到远方。

　　这一事件对李世民的内心打击是巨大的。但尽管这样，他的身体仍没什么问题。所以，做了多天太平天子后，李世民又重新披挂上马，踏上远征高丽之路。

　　李世民身体出现问题，是因为在高丽作战时背部中箭。回长安途中，箭伤又引发恶疮。此外，他远征时还患了痢疾。各种病伤加在一起，导致身体开始走下坡路。

　　不过，征高丽一年多以后，李世民身体就渐渐恢复了，就在死前两个多月的一天，也就是贞观二十三年三月上旬的某日，还带着少数侍从登上长安郊外的一处高原，在这里俯瞰山河并拿出巨弓拉满而箭，侍从无不激动得高呼"万岁"。

　　但到了三月底，这位皇帝突然病倒了。到底发生了什么？

　　李世民的病倒，跟晚唐著名博物学者、志怪作家段成式在其笔记《酉阳杂俎》里的一则秘密记载有关："王玄策俘中天竺王阿罗那顺以诣阙，兼得术士那罗迩娑婆，言寿二百岁。太宗奇之，馆于金飚门内。造延年药，令兵部尚书崔敦礼监主之。言婆罗门国有药名畔茶佉水，出大山中石臼内，有七种色，或热或冷，能消草木金铁，人手入则消烂。若欲取水，以骆驼髑髅沉于石臼，取水转注瓠芦中。每有此水，则有石柱似人形守之。若彼山人传道此水者则死。又有药名咀赖罗，在高山石崖下。山腹中有石孔，孔前有树，状如桑树。孔中有大毒蛇守之。

取以大方箭射枝叶，叶下便有乌鸟御之飞去，则众箭射乌而取其叶也。后死于长安。”

这就需要提到贞观年间的一个奇人：王玄策。正是这个人，把一个来自异域的催命鬼引到了李世民的面前。

王玄策，洛阳人，曾在广西黄水做过县令、右卫率府长史，后来成为职业外交家。

贞观二十一年（647），王玄策率使团出访位于中天竺的摩揭陀国（**玄奘曾到此取经访问**）。还没抵达，先前与唐朝友好的国王就去世了。臣子阿罗那顺登上国王之位，立即扣押了大唐使团。王玄策侥幸奔出。

在当时，敢逮捕唐朝人，要么是疯了，要么是傻了。王玄策没返回唐朝，而是沿途发了道檄文，要求周边王国立即出兵，归他统领去讨伐阿罗那顺。

很快，泥婆罗（**在今尼泊尔**）出兵七千，吐蕃出兵一千二百，王玄策点了点，觉得人马已绰绰有余，带着这八千多人，扭头就攻入了摩揭陀，生擒阿罗那顺，俘虏国王以下万余人。这是盛唐的气魄和方式，这是一人灭一国的奇迹。但就在这时候，一个笑容神秘的人物，诡异地转出菩提树，出现在王玄策面前。

这个人就是前面提到的术士那罗迩娑婆。

那罗迩娑婆自称他已经两百岁，尤善炼丹药，人吃后会长寿。他主动表示，要跟着王玄策回长安，把炼出的丹药进献给大唐皇帝。

王玄策大喜。叫王玄策想不到的是，一个阴谋也就这样开始了。

贞观二十二年（648）春，王玄策带着俘虏的阿罗那顺国王和术士那罗迩娑婆，回到了长安。王玄策向唐太宗李世民汇报了攻灭摩揭陀国的原委，后者非常高兴，觉得他的大臣就应该这样，于是升其为朝散大夫。

同时，王玄策把那罗迩娑婆推荐给了皇帝。

本来李世民不信方术，但征高丽后身体出现问题，步入人生黄昏的皇帝，似乎改变了世界观，开始服用一些丹石炼就的秘药了。

面对大唐皇帝的好奇，那罗迩娑婆滔滔不绝地讲述着境外的种种神奇。

比如，南洋婆罗门国的深山的石凹中，有一种叫畔茶佉的水，呈七种颜色，或热或冷，能消草、木、金、铁，人体就更不用说了。怎么取水呢？用骆驼的头骨。取完后，倒进瓠葫里。但即使有了这些器具，也不是说随便就能取的。因为旁边有神异的石柱把守。如果当地人把有关该水的秘密传到外面去，那么他也就活不了多久了。

天竺方士还提到一种药，名字叫沮赖罗。

按他的说法，这种药用一种形似桑的神奇的树叶炼成。

该树长在当地山崖下。山壁间有石孔，孔中有毒蛇守护。如用箭射落树叶，则必有鸟衔去。这时，只有再把鸟射落，才有可能得它。可以猜想，那罗迩娑婆声称自己就带来了"沮赖罗"，并告诉太宗皇帝说它有延年益寿的功效。

太宗的好奇是不出意料的，当即要求那罗迩娑婆制造长寿的丹药。

那罗迩娑婆声称，他的丹药不是随便就能炼成的，而是需要整整一年的时间。太宗说可以等待，于是在金飚门内专门为他建造了寓所，并叫兵部尚书崔敦礼监办炼丹事宜。

一年过后，贞观二十三年三月底，那罗迩娑婆声称：长寿丹已炼成。

也就是从这个时候起，李世民开始服用这名天竺方士炼出的丹药。短短两个月后，五月二十六日，一代大帝就死去了。

一百多年后，唐宪宗元和时代，大臣李藩说了这样一句话："文皇帝（**唐太宗**）服胡僧长生药，遂致暴疾不救。"

那罗迩娑婆涉嫌谋杀帝国的皇帝，当是大逆之罪。

奇异的是，他最后善终于长安。也就是说，朝廷没治他的罪。

因为即位的唐高宗觉得，如果治了那罗迩娑婆的罪，就等于向臣民公开承认太宗皇帝是误食丹药而死，这对于皇家和帝国来说太没面子了，传出去必为大唐的藩属国所笑，他父亲毕竟被奉为神姿英武的"天可汗"。

至于王玄策，也没被处治。在高宗时代，居然又出访了两次天竺。不过，他也没升官。这是朝廷对他隐秘的愤怒。

唐太宗李世民死得如此奇幻。

相比之下，当年他哥哥和弟弟的死，就完完全全是现实主义的血肉迸溅了。这是李世民一生的结。在咽下最后一口气前，如果说他想到了一件事，那只能是高祖武德九年六月四日发生的"玄武门之变"！

现在，可以说说这中国古代史上最著名的宫廷政变了。

当日凌晨，太子李建成和齐王李元吉进宫面见李渊。

时为秦王的李世民，已决意袭杀自己的哥哥和弟弟。为此，他率心腹事先潜入玄武门内（已收买了屯驻玄武门的禁军将领）。他下决心发动政变，经历了一个比较长的过程。这期间，长孙无忌、杜如晦和侯君集出力最多，态度也最坚决。但这并不是说他们都去了玄武门。

直接参与玄武门截杀的名单，有两个版本：

第一个版本是长孙无忌、尉迟敬德、侯君集、张公谨、公孙武达、独孤彦云、李孟尝、杜君绰、郑仁泰、刘师立；

第二版本是长孙无忌、尉迟敬德、杜如晦、房玄龄、高士廉、宇文士及、侯君集、程知节、秦琼、屈突通、张士贵、段志玄。

看上去，似乎第一版本可能性比较大，因为后面一个版本文臣太多了。此外，在当时，后一个版本中的秦琼、程知节、段志玄被李元吉列入讨突厥随行大将的名单，参加玄武门之变的可能性似乎降低了，可尉迟敬德也被列入了该名单，而事实上却成为玄武门的第一号功臣。所以，仍不足以为凭。另以秦琼为例，《旧唐书》明确记载他参加了夺门之变。故而具体的参与者到底有谁，仍非明晰而确定的。

总之，李世民凌烟阁"二十四功臣"中，不少人都热热闹闹地跟着去了。在当时，不是没人拒绝参加，比如两位天才军事指挥家李靖、徐世勣（李勣）就没去。

现在看看玄武门的位置。

长安以朱雀大街为中轴线，由南而北至最北端是朱雀门，穿过朱雀门是皇城。

穿过皇城会看到承天门，再穿过承天门就是皇宫，也就是太极宫。太极宫的后宫门（北门）名玄武门。太极宫东北角，则是后来更著名的大明宫。大明宫后门（北门）也叫玄武门。

李世民潜入的是哪一个？最初这不是一个问题。大家都说是太极宫那边的玄武门。后来，有少数人提出疑问：别忘了，大明宫还有一个玄武门。

于是，有些人嘀咕了，说：还真是，那李世民潜入的，当是大明宫那边的吧。

有时真理未必由少数人掌握。

大明宫始建于贞观八年（634）。也就是说，那边的玄武门，直到李世民登上帝位后七年，才开始大规模修建。唐高宗时代，皇帝才开始在大明宫起居、办公。

回到太极宫这边的玄武门。

李建成和李元吉已骑马通过，进入了太极宫。

这一天发生的事变被后人命名为"玄武门之变"。所以很多人认为，李世民伏兵的地方就在玄武门。实际情况并非如此。按记载，两兄弟是骑马到临湖殿时才发现事情不对，于是在惊恐中掉转马头。

临湖殿在哪儿？

太极宫里有四个小湖：西面三个，东面一个。李建成和李元吉入宫时，李渊刚刚来到西面的一个小湖，正在那里泛舟。这临湖殿，在西面一个小湖的附近，离玄武门不远。

李建成和李元吉到底看见了什么？

当然是骑马伫立在临湖殿前的李世民。

但这又有什么呢？这段时间，双方争斗已趋白热化，在父皇李渊那里互相告状，所以按情理来说，看到李世民也没什么值得太过惊恐的。

让他们惊恐的是，他们看到的是身披重甲的李世民！

太极宫中多花树，此时正是盛夏，繁花明艳，在这映衬之下，一身重甲的世民太醒目了！唐朝的这个早晨恐怖到了极点。

李世民这个造型，李建成和李元吉见识过多次了。

随父亲李渊在太原起兵反隋时，李世民只有十九岁。但东征西讨，无役不予。

李世民天纵神武，魅力绝世，虽只是少年，但却驾驭着数不胜数的谋臣悍将，以超强的执行力（*李渊当然是决策者*）建立了大唐帝国，宋老生、薛举、薛仁杲、刘武周、宋金刚、王世充、窦建德、刘黑闼……这些隋末的枭雄，一个个都败在他手下。

李世民极善骑射，率骑兵冲锋时，必披重甲，身先士卒，一骑绝尘。这决然是动人心魄的场景，太酷了。

如果说往日李世民的造型让那哥哥和弟弟嫉妒的话，今天李世民这个造型则叫二人心都凉了。李建成和李元吉都不傻：皇宫禁地，身披战斗时穿的重甲，谁人敢这样？这是要死罪的！

而现在，李世民的的确确就是这副打扮，这个造型透露的唯一一个消息就是：他要先发制人，动手了。

突如其来的一幕，叫李建成和李元吉没法不惊恐万状。

据记载，当时李世民冲二人喊了句话，具体喊的什么已不得而知，但不外乎两个可能：一是：大哥，别走哇！二是：建成、元吉，你们还走得了吗？

就在李世民喊话时，建成已试图拨转马头，元吉胆子大一些，所乘之马亦配弓箭，但由于太紧张了，三次张弓不成。李世民此时却冷静得近乎冰点。他张弓在手，搭箭即射，一箭穿喉，李建成栽于马下。

李世民这一箭，稳、准、狠，都齐了。

他必须一箭把李建成撂倒。否则，一旦失手，李建成、李元吉逃回不远处的东宫和齐王府，引兵而来就是恶战了，李世民手下虽多良将，但胜算也未可知。最关键的是，在皇宫里袭杀太子，等同于谋反！

他必须成功，否则即是死路。

所以这一箭没给李建成任何生的机会。

射倒李建成时，李世民身边并无旁人。种种迹象表明，李世民当时要一人射杀李建成和李元吉。

他为什么会有这样的底气和把握？

《酉阳杂俎》里有这样的说法："高祖少神勇。隋末，尝以十二人破草贼号'无端儿'数万。又，龙门战，尽一房箭，中八十人。太宗虬须，尝戏张弓挂矢。好用四羽大笴，长常箭一肤，射洞门阖。"

这段记载，文字不多，但提供了李世民极其善射的重要线索。

做父亲的李渊箭法就很好了，如上所说，在一次作战中，他曾射尽了一房箭，击中八十人。

射了一房子箭才干掉八十人？

不是那么回事儿。这里的"一房"跟你住的房子没什么关系，指的是"一函"，也就是装箭的匣子。按唐时作战用箭的装法，一匣子箭为一百支。李渊能射中八十人，可以说非常不错了。

至于一脸虬须也就是连鬓胡子的李世民，射术更精，平时喜欢用的"四羽大笴，长常箭一肤"。"笴"即箭杆，"肤"则为古时长度单位，四指宽为一肤。也就是说，李世民不用平常箭，而用专门为他制作的长杆的超大号四羽雕翎箭。

与此同时，他有一张巨弓，长达两米（"玄武门之变"时，李世民极有可能带了这张弓）。

虽然箭在古时是武将必备之物，但说起来却不是那么好射的，因为除了眼神外，还需要膀臂有大力，否则开弓都是个问题；即使能开弓，若拉不满，箭射出去就会软而无力，更别说远距离击中敌人。再者，需要冷静甚至冷酷的心神，这样才能一箭毙敌。

而李世民，当神射手的条件都具备了：眼神好，反应快，膀臂有力，心神冷酷。一箭过去，就能洞穿大门，更别说李建成的脖子了。

遇到这样的弟弟，太子李建成哪能逃脱？

但就李世民准备再射杀李元吉时，出现了意外：所骑的马突然受惊，奔至附近的树林，李世民随即为树枝所挂，掉落到了马下。

马，在古人作战中起着绝大的作用。

所以真正的猛将，都爱马如命。反之亦然，马通灵性，跟主人也极默契。举个例子：秦琼的坐骑叫"忽雷驳"，这马很怪，怎么呢，好饮酒，每次喝完，蹄力大增，在明月夜，能跃过三领黑毡。

秦琼死后，"忽雷驳"不吃不喝，嘶鸣不已，似乎在说：我生即为战场而来，既然主人也死了，那我为什么还活在这个世界上？最终它绝食而死。

至于李世民久经战阵，两军对垒时，往往单骑在前，直插敌营，更爱名马。

征战年代，他骑过六匹名马："拳毛䯄""什伐赤""白蹄乌""特勒骠""青骓""飒露紫"。以这六骑夺得天下。

为纪念这六匹战马，李世民将它们浮雕于自己生前建好的昭陵，即著名的"昭陵六骏"。

此次伏兵临湖殿，是用血与命解决自己跟太子的问题，是一次有世民而无建成，有建成则无世民的决战。李世民已披重甲，更当骑最好的战马。此时战马突然受惊，唯一的可能是其中箭受伤。

也就是说，双方开始互相攻击了。

是谁射中了李世民的战马？此时李建成已死，所以合理的解释只有一个：元吉。此前元吉三次张弓不成，没准儿第四次成了。此外，李建成和李元吉带侍从进入玄武门也不新鲜。或者说，在惊变后，他们对李世民进行了逆袭。

就在李世民出现意外时，秦王府首席大将尉迟敬德率一队精锐士兵出现，随即追射李元吉，后者仓皇落马，但并未中箭。

这所有的一切，都是发生在极短的时间里的。

李元吉确有气力，奔至世民坠马处。李世民起了两次，竟没能从地上爬起来。从这个细节可以看到，为保万全，他披了最重的铠甲。否则以李世民之英武，断不会如此笨拙。但没想到，这重甲差点要了他的命。因为李元吉夺了李世民的弓，用弦将其猛然勒住。

可以想象当时的情景是如何惊心动魄。

就在李世民命悬一线时，尉迟敬德飞马赶到，大喝中，李元吉吓得松手。李元吉是独怕尉迟的。此前，李元吉自恃骁勇，曾主动与敬德比试，但最后被三次夺枪。格斗时夺对方的兵器，是尉迟敬德的拿手好戏。

在这里，看一个插曲。

高祖武德三年（620），世民率军再攻洛阳王世充。

在这场战役中，尉迟敬德与王世充的大将单雄信展开了史上非常著名的一场马上较量。

单雄信，名通，字雄信，山东曹县人，好舞枪弄棒，交四海英豪，又仗义疏财，讲求哥们儿义气，很受绿林好评，被推举为"总瓢把子"。隋朝末年，天下大乱，河南瓦岗寨异军突起，雄信也入了伙。大业末年，隋炀帝遇难扬州，弑君者宇文化及率军西归，至洛阳附近被瓦岗军打劫。后军阀王世充也加入混战，结果瓦岗军被击溃，单雄信降王世充。后世充降唐，雄信不屈而死。

仍是《酉阳杂俎》，从单雄信的角度做了记载：

"单雄信幼时，学堂前植一枣树。至年十八，伐为枪，长丈七尺，拱围不合，刃重七十斤，号为'寒骨白'。尝与秦王卒相遇，秦王以'大白羽'射中刃，火出。因为尉迟敬德拉折。"

在这一战，尉迟敬德与单雄信对决前，后者先与李世民遭遇，单雄信曾有机会夺李世民之命，当时他挺枪直取李世民，善射的李世民抽出"大白羽"射中单雄信的枪刃，火星四溅。

在这里，说到了单雄信使用的兵器：小时候，他在学堂门前种了一棵枣树，十多年后雄信成人，伐树为枪，有多粗？两只手合在一起都握不过来。锋刃重七十斤，号为"寒骨白"。

李世民危难时，又是尉迟敬德赶到，与单雄信大战，不仅将单雄信的枣木大枪夺下，还将其折断。可见后来作为门神之一的尉迟敬德之蛮力。

那李元吉又如何是尉迟的对手？

直到这时候，李世民才长长地出了一口气：首先，他确认自己没被勒死，还活着；其次，他知道自己胜利了。

李元吉这个时候还想跑。但这一回再也跑不了了，没几步就被尉迟敬德一箭穿心。

"玄武门之变"爆发前，战功赫赫的秦王李世民和太子李建成、齐王李元吉的矛盾已经完全没办法调和了。正如前面所说，互相在李渊那里诋毁对方。谁也不是老实鸟。不要以为李世民像史书上记载的那样宽厚。在这个问题上，可能吗？

六月初四这天早上，太子李建成和齐王李元吉本是被召进宫的，因为在此之前李世民告其兄弟淫乱后宫并欲加害于他。

关于"玄武门之变"，后人议论纷纷。否定者认为，李世民亲手射杀了哥哥，叫人追杀了弟弟，最后胁迫了父皇，非法取得帝位，还是比较可耻的。

但这已经不太重要。

因为当李世民成功开创"贞观之治"，使开放盛大的唐帝国成为世界中心时，关于哥哥李建成的一切以及谁是谁非都已经不再重要了。

唐玄宗的后半生

一夜半无人私语时

唐朝盛大开放，中外贸易频繁，帝国的丝绸、瓷器被运到域外，域外的各种特产和珍宝不断被运进长安，比如奇异的动物、水果、香料、珠宝以及各种生活奢侈品。唐朝人喜欢这些进口玩意儿，一方面说明这个王朝确实开放时尚；另一方面，外来品所带来的异域风情和隐秘传说深深刺激和满足了唐朝人的想象。

这所有的一切，给人一种如梦般的魔幻绚烂的感觉。

在美国学者谢弗那本奇异的汉学著作《撒马尔罕的金桃》中曾有这样的描述："七世纪（的唐朝）是一个崇尚外来物品的时代，当时追求各种各样的外国奢侈品和奇珍异宝的风气开始从宫廷中传播开来，从而广泛地流行于一般的城市居民阶层之中。"

这里说的七世纪仅仅是一个开始而已。在随后的八九世纪，这种风尚并没有明显减弱。其中，最典型的例子是唐朝人对香料的迷恋。正因为如此，很多域外商人把名贵香料贩卖进长安，卖给皇帝和贵族，一夜间就能赚大笔银子。

下面就看一则跟香料有关，但与奢侈生活无关的故事。

这一天，唐玄宗李隆基与某位亲王下棋。如不出意料的话，应当是跟玄宗兄弟情深的宁王。著名演奏家贺怀智在一边弹琵琶助兴。杨贵妃呢，怀抱着康国猧子（中亚康国进贡的一种小狗）、身带着交趾进贡的瑞龙脑香料在一旁观看。

皇帝形势不妙，眼看要输棋，贵妃灵机一动，将康国猧子放在座位上，那小玩意儿随后登上棋盘，搅乱了棋局，为皇帝解除了即将输棋的尴尬。皇帝抚掌笑，贵妃也娇面如花，贺怀智演奏琵琶曲声更妙，只留得宁王在那里郁闷。

当时是夏天吧？清风中，贵妃身上的香料味道更浓，弥漫了那个午后。

突然，风吹掉了贵妃的领巾，落在贺怀智脑袋上，贵妃回眸一笑，贺怀智有些不好意思。他是闻到杨贵妃的体香了吗？总之他心旌摇曳。

贺怀智回家后，身上芳香不散。当夜也许就梦见了美丽的贵妃。后来，他将脑袋上的幞头放进一个锦囊。

这是玄宗最后的太平日子。把这太平岁月推向高潮的一幕，出现在大明宫清元小殿上。

玄宗名隆基，小名阿瞒（跟曹操一样），又叫鸦，昵称三郎。三郎好音乐，曾在洛阳梦凌波池中龙女赐《凌波曲》，醒后记得那曲子。回长安后，每每用胡琴弹奏。时宫中有舞女谢阿蛮，依那曲子排练了《凌波舞》。此日在清元小殿上跳独舞。为她伴奏的阵容豪华：玄宗亲自打羯鼓，宁王吹玉笛，杨贵妃弹琵琶，宫中乐师马仙期击方响（一种打击乐），李龟年吹筚篥（一种管乐），张野狐弹箜篌，贺怀智拍板。

《凌波曲》别名就是"醉太平"。大醉之后终于要醒了。或者说，太平久了，那太平本身也要腐烂了。于是"渔阳鼙鼓动地来"。这鼙鼓，不再是玄宗手中作乐的玩意儿，而是安禄山叛军的暴起之音。

之前，长安有术士王皎，善预测。天宝年间，曾与客人夜中坐于庭院，指星月道："时将乱矣！"但不想被邻居偷听，报告给了官府。此时玄宗春秋已高，颇忌讳这种不吉利的话，于是下密诏决杀王皎。但使用了几个办法都没杀死他。最后，在密室中用铁钻钻其头，几十下后其才死。人们发现他的脑骨厚达一寸八分。志怪小说有云，当时，王皎跟一名官员交好。到安史乱平，王皎竟又出现在那名官员的家门口。

虽然王皎最后还是没死，但"天宝狂飙"真的来了。

关于安禄山，我们可以说他是一个"杂种"。他本姓康，生于营州柳城（今辽宁朝阳市），母亲是突厥人，父亲的民族已不可考，也是个胡人，有可能带有粟特人血统（前面提到的以中亚撒马尔罕为都城的康国）。

安禄山的性格，一方面有着胡人的凶猛，另一方面也颇具狡猾因子。他生活的幽州地带，胡汉杂居，此人精通多种语言，先做边境贸易的中间人，有点翻译的意思，后来觉得没什么前途，便投军进入幽州节度使张守珪的军队。那时候，唐朝边境的主要敌人不是突厥人，而是契丹人。在与契丹人的作战中，安禄山屡立战功，深受张守珪喜爱，被其提拔，一直升到地方大员平卢节度使的位子。这是天宝元年（742）的事儿。

这期间，安禄山与朝廷派来的巡视官员建立了良好关系，后者回长安后每每在唐玄宗面前美言，使得皇帝知道在北部边境有安禄山这么一号人。很快，安禄山获得了到长安述职的机会，终于面见了当朝天子和旁边的那位旷世美女杨玉环。

在玄宗面前，安禄山表现出胡人的憨直，深得皇帝好感。唐朝是一个开放的王朝，很多胡人在朝堂和军中担任要职，皇帝并不怀疑。在这种信任下，安禄山后来又兼任河东节度史、范阳节度史，晋封东平郡王。至于贵妃杨玉环，据说更是对安禄山喜欢得不得了，尤其喜欢看他跳胡旋舞。

贵妃想必一直纳闷儿：这个威猛的胖子，怎么就转得那么快呢？

后来，安禄山有事没事就往长安跑。多传说称杨玉环与安禄山通奸，当是小说家之言。贵妃虽千娇百媚，但对玄宗的爱情是非常忠贞的；再说了，在皇帝眼皮底下，安禄山安敢如此？

不过，安禄山受宠却是真实。按史书上记载，玄宗和贵妃赐给他的物品有：桑落酒、阔尾羊窟利、马酪、野猪鲜、清酒、大锦、苏造真符宝舆、余甘煎、辽泽野鸡、五术汤、金石凌汤一剂，及药童昔贤子就宅煎、蒸梨、金平脱犀头匙箸、金银平脱隔馄饨盘、金花狮子瓶、平脱著足叠子、熟线绫接靴、金大脑盘、银平脱破觚、八角花鸟屏风、银凿镂铁锁、帖花檀香床、绿白平细背席、绣鹅毛毡兼令瑶令光就宅张设、金鸾紫罗绯罗立马宝、鸡袍、龙须夹帖、八斗金渡银酒瓮银瓶平脱掏魁织锦筐、银笊篱、银平脱食台盘、油画食藏，又贵妃赐禄山金平脱装具、玉合、金平脱铁面碗。

上面列出的物品的名字都很奇怪。其中，金平脱装具、玉合、金平脱铁面碗是杨贵妃亲自所赐。玉合也就是玉盒，无须多言，那么另两件东西呢？什么叫平脱？平脱是一种工艺，即将用于装饰的各种形状的金、银薄片用胶漆牢固地粘于器皿上，然后在器皿上涂漆，最后进行打磨，露出金、银薄片，使之与器皿的漆面一样平。经此工艺制造的器物尊贵典雅、精美绚丽，为典型的皇家奢侈品。安史之乱平息后，朝廷曾专门下令禁止再制造奢华的平脱器物。

由于受皇帝和贵妃的宠爱，安禄山在起兵反唐前已掌握了大唐北部的地盘和权力。

安禄山起兵是在杨国忠当宰相之后。此前的宰相是被人称为口蜜腹剑的李林甫。李林甫虽多谋诈，但由于恩威并施，所以很能控制安禄山这样的胡人将领。但李死后，贵妃的族兄杨国忠接替了宰相之位，事情发生了变化：杨本是无赖出身，依仗贵妃取得权势。从心理学上讲，越是这样的人在当官之初就越想把工作干好，以免别人瞧不起，杨国忠当时就有这样的心态。但毕竟不是那块料，无力使整个帝国正常运转，国家财政遇到困难，征讨南诏又遭惨败，加上毫无计划地一味打压安禄山，使得二人在那里互相较劲，最后把形势搞得一团糟。

安、杨的矛盾也激化为整个帝国的矛盾，加之这时候安禄山窥视到了唐朝的虚弱，于是"新丰绿树起黄埃，数骑渔阳探使回。霓裳一曲千峰上，舞破中原始下来！"（杜牧《过华清宫绝句》）

天宝十四年（755）冬，阳历的 12 月 16 日，安禄山一脚揣翻了那些平脱而成的宝物，以"讨杨国忠"为名从范阳（今天的北京）起兵，长达八年的安史之乱开始了。在一地美丽的平脱碎片中，庞大的帝国开始了自己的艰难时代。

大乱开始后，很快洛阳陷落，潼关失守，玄宗一行奔出长安，往蜀地逃跑，行至马嵬驿时，护驾的军士哗变，杀宰相杨国忠，并要求赐死其妹杨贵妃。这天下的变乱，这一切的一切，是这个女人的错吗？在瞬间苍老的玄宗有着最大的迷惘。

但六军不前无奈何，宛转蛾眉马前死！

动乱中，太子李亨在宦官李辅国的策划下，在灵武这个地方擅自即位称帝，是为肃宗。玄宗被迫在成都做了太上皇。过了七八年，大乱平息，玄宗一行回到满目疮痍的长安。

此时的玄宗，已经没一点权力。晚年的他备感凄凉，只有高力士仍忠心地伺候在身边。他们最初居住在长安城东南的兴庆宫。有一次，玄宗莅临该宫的勤政楼，被长安士民发现，人们看到这位从他们视野里消失已久的开元皇帝已苍老如此，不仅欢呼万岁，而且声泪俱下。那一刻玄宗万言难表。

已经大权在握的巨宦李辅国得知后，以游览为由，将玄宗强制迁移到大明宫旁的太极宫，以便随时监视，形同软禁，但幸好有高力士依旧在身边侍奉，望着眼前这位有着广东口音的老宦官，玄宗不知道如何表达自己的心情，每每想起自己英姿勃发的青年岁月。

那时候，武则天时代刚刚结束，唐中宗复位没几年，就被女儿安乐公主和妻子韦氏合谋毒杀了。因为她们也想学学武则天，弄个皇帝当当。但是，没想到，旁边有个人睁大眼睛。这个人就是时为临淄王的李隆基，即前睿宗皇帝李旦的儿子。青年时代的李隆基有着李世民的影子，随后跟姑姑太平公主联手，袭杀了安乐公主和韦氏，叫父亲李旦第二次当了皇帝，是为唐睿宗。

想学武则天的，不仅仅有安乐公主和韦氏，还有太平公主。如果说安乐和韦氏就是胡闹的话，那么太平就真的有母亲武则天的风范了。遗憾的是，李隆基有着李世民的风范。这样一来事情就不好办了。李隆基除掉太平公主后，做父亲的李旦也比较懂事，很快把皇位传给了强势的儿子，玄宗的时代就这样到来了。

　　开元时代就这样到来了。

　　但现在回想起来，开元盛世如若梦幻。

　　此时，望着眼前的高力士，玄宗感慨不已，现在他的身边再没其他大臣了，只有忠心耿耿的高力士每日伴随，不离不弃。

　　高力士本为广东人，武则天时期入宫。武后末年，宰相张柬之发动政变，恢复李唐江山，中宗即位。此期间，有旷达之风的高力士，认识了临淄王李隆基，在诛灭韦后、安乐公主以及太平公主的政变中作为李隆基的智囊。

　　高力士虽为宦官，但身材高大威猛，善骑射，为人正直，持重谨慎，有运筹之才，在处理日常政事上，是一把好手，很多工作，玄宗都交给他去干。力士虽奉命翻看大臣奏章，但从不对朝政进行干预。

　　几十年来，高力士一直追随玄宗，两个男人之间有着深厚的感情。在所有的大臣都迫于李辅国的淫威而远远地望着自己当年的皇帝而不敢近身的时候，保护玄宗的重任落在了高力士的身上。有一次，李辅国带着手持刀枪的士兵入宫检查，看到辅国后，"太上皇惊，欲坠马数四，赖左右扶持乃上"。也就是说，吓得玄宗有三四次要从马上掉下来。多亏高力士跃马上前，大声喝道："太上皇乃五十年太平天子，李辅国！汝旧臣，不宜无礼，李辅国下马！"

李辅国这才不得不收敛气焰。

后来，玄宗流着泪握住高力士的手："如果不是你，我恐怕已成死鬼！"

但正因为如此，李辅国后来将高力士流放到遥远的南方。临行前，力士请求最后见玄宗一面："臣当死已久，天子哀怜至今日，愿一见陛下颜色，死不恨！"辅国不许，力士痛哭出京。

高力士走后，玄宗真的成了孤家寡人。

太极宫又称西内宫，紧邻着肃宗所在的大明宫，但李辅国不允许皇帝父子见面。肃宗此时想不想见玄宗，玄宗想不想见肃宗，没有人知道。我们知道的是，肃宗做太子时，他们父子的关系一直不好，这说的是肃宗成年以后。小时候，玄宗还是很喜欢他的。有一次，玄宗对武惠妃说："我这孩子有异相，日后定是我李氏家族中有福的天子。"那天，玄宗叫人到皇家府库中取来珍藏的宝物上清珠，亲自用绛色轻纱包裹，系于儿子的脖颈，以增吉祥。

上清珠是开元年间西域罽宾国所进献的异物，该国在今天的克什米尔一带，多产异宝，该珠即一例。其色洁白，黑夜灭烛，可照亮一室；若长时间凝视，会慢慢感到里面有飞仙、玉女、白鹤摇动身形。

是幻觉吗？

那时候的玄宗，望着儿子李亨，认为有异相，他日可为一有福的太平天子。

但后来的事实证明这一切都错了。李亨不是末代皇帝，但却有着比末代皇帝更大的悲伤：他是有郁结的，跟父亲一直有巨大的隔膜。因为他做太子的时间太长了，一直生活在强势的父亲的阴影下。从"开元盛世"到"天宝狂飙"，玄宗做了四十多年皇帝，李亨这太子也做了几十年，即位之日遥遥无期，心中自然不好受。

但又怎么办呢？

安史之乱对李亨来说是个机会。

在出奔路上，杨国忠与杨贵妃皆被杀，很难说没有他李亨的份儿。肃宗虽然提前接班当了皇帝，但他本人能力极其有限，软弱和没主意更是大的致命伤。幸亏有郭子仪、李光弼。两人扭转乾坤，让他们父子皇帝还都长安。

外患未平，内忧又起，因为宦官李辅国成了气候。这是唐朝历史上第一个凌君而专横的宦官。以前的高力士虽得宠，但一心向着皇帝；李辅国就不一样了，不但亲自过问政事，还动不动给肃宗脸色看。

肃宗处于一种无奈的状态。

与此同时，妻子张皇后也不叫人省心，与李辅国争权。这个女人，为了麻痹肃宗，经常让丈夫喝"玄鸥脑酒"。这种酒有个特点，就是喝完令人健忘……

无论如何，肃宗李亨的一生是个悲剧，没像父亲当年想象的那样做长久的太平太子，他在位的六年正是安史之乱中的六年，甚至他死时变乱还没有结束。六年中，他一天也没消停过。即位前，作为老太子的他感到不爽，真正做了皇帝后，他似乎才知道管理这庞大帝国的艰辛。

有一天，掌管皇家府库的年轻官员向他报告："陛下，近日整理府库，在库房深处有异光射出，不知道是什么宝物。"

肃宗说："难道是上清珠？"

官员："上清珠？"

后来经查验，发光之宝正是上清珠，而且当年包裹该珠的绛色轻纱还在。

肃宗突然很思念他一墙之隔却不允许见面的太上皇爹爹。

那一刻他还是潸然泪下，问身边的李辅国："我能不能见一下我的父亲？"

李辅国摇了摇头。

肃宗没办法，只好召集大臣，亲自捧着上清珠，从龙椅上走下来，向诸人展示："看，这就是上清珠，乃我大唐开元年间西域之国所进献，当年我为少年郎，父亲抚我发髻，亲赐于我……"

从此，肃宗病倒了。

而此时的玄宗，已经处于危险中。

唐人笔记《杜阳杂编》作者为唐僖宗时的苏鹗，此君十次参加科举考试未中，到僖宗光启年间第十一次参加考试，终得进士。前推十年，在老家陕西武功杜阳川读书之余完成该笔记，内容怪诞神奇，但亦夹带秘史。在该书中，有这样一段记载："时肃宗大渐，辅国专朝，意西内之复有变故也。"

上面那话的深意当是：玄宗皇帝最终不是病死，而是被李辅国害死的，所谓"意西内之复有变故也"。这里说的"变故"只能是弑君之变故，只是这条记载没引起后人的注意。

玄宗死后没多久，肃宗也死去了。

当时，宦官李辅国和张皇后争权，并在立太子问题上发生矛盾，张皇后欲谋杀太子李豫（*后来的代宗皇帝*），但被另一名宦官程元振得知，密报李辅国。辅国先下手，张皇后见事情败露，一头逃进肃宗养病的寝宫，辅国随之持剑闯入，从肃宗身边把张皇后拉出去砍了，肃宗本人因受到惊吓竟于当天死去了。

这一年是宝应元年（762）。玄宗太上皇李隆基死去了，肃宗皇帝李亨死去了。

高力士也死于这一年。当时代宗即位，大赦天下，力士北还，至湖南常德，接到玄宗去世的消息，七十八岁的高力士眼泪哭干，吐血不止，绝食而死。

李辅国也死于这一年，他被新即位的代宗皇帝遣人刺死了。

这位代宗，玄宗的孙子，是一个隐蔽的铁腕皇帝。李辅国拥立代宗即位后，对新皇帝说："大家但内里坐，外事听老奴处置。"意思是，外面的事就都交给我了，你就别管了。但没想到，这代宗不是个善茬儿，一面封李辅国为司空兼中书令（相当于宰相。宦官得到宰相实职，中国历史上只此一例），一面不动声色地开始收拾他，先是分权给另一名宦官程元振，随后一点点将李辅国罢免。没多久，长安士民就得到一个消息：辅国为盗贼所刺杀！当然，那是代宗派人干的。

据说，当时玄宗给代宗托了个梦，在梦中，玄宗派高力士持方戟刺李辅国，及辅国被杀后，代宗才语及左右。

有这样一个插曲：李辅国喜欢收藏古董，"辅国家藏珍玩，皆非人世所识"。其中，有一种异草，色碧绿，茎如竹，叶如杉，样子虽似干枯，但却不凋零。盛夏时，放在厅堂门户间，凉风自至。又有凤首木，别名常春木，高一尺，被雕成鸾凤状，严冬时置于室内，气温犹如暖春。据说，这两种宝贝都是玄宗在位时薛王的秘藏，后被李辅国搜罗到自己家。

代宗的父亲肃宗知李辅国喜欢珍玩，就赐给他两个散发着清香的白玉辟邪（一种瑞兽）。有一天，那两只辟邪，一只哭，一只笑，李辅国惊愕，叫一个叫慕容的手下，将其砸碎，捣成齑粉，扔进厕所。没过一年，李辅国就死于非命。在解决了李辅国之后，代宗又相继干掉了随后专权的宦官程元振和鱼朝恩，一人解决了三大宦官。

众人死的这一年是公元762年，即宝应元年。死的人还不止这些。这一年，李白也死了。据说是酒后捞月淹死的。

大唐以这种方式彻底结束了自己的盛世时代。

如果说安史之乱结束了从李世民即位后开始的盛唐时代，而肃宗岁月只是一个过渡，那么代宗即位后，则开启了中唐时代幽深的大幕。

回过头来继续说玄宗。

去世前，高力士被流放了，也见不到儿子肃宗，孤独无限的他，只能想起生命中另外一个人。因为有那么一天，宫中艺人贺怀智冒险来觐见玄宗，呈上一枚锦囊。

此时的玄宗，已经苍老如枯松。

玄宗颤颤巍巍地打开锦囊，发现了那块陌生又熟悉的幞头巾。

是的，多少年过去了，幞头巾仍遗留着杨贵妃的香气。那是玄宗无比熟悉的。可以想象，那曾创造"开元盛世"的李三郎，百感交集，一时间老泪纵横："怀智！我知道啊，这巾上的香气，是瑞龙脑香也！此香为交趾所献贡品，我曾赠贵妃十枚，而今我回长安，她在何处？"

七月七日长生殿，夜半无人私语时。在天愿作比翼鸟，在地愿为连理枝。天长地久有时尽，此恨绵绵无绝期！

柔情似水，佳期如梦，唐朝最忠贞的爱情，终令人伤感至此。"天宝末，交趾贡龙脑，如蝉蚕形，波斯言老龙脑树节方有，禁中呼为瑞龙脑，上唯赐贵妃十枚，香气彻十余步。上夏日尝与亲王棋，令贺怀智独弹琵琶，贵妃立于局前观之。上数子将输，贵妃放康国猧子于坐侧，猧子乃上局，局子乱，上大悦。时风吹贵妃领巾于贺怀智巾上，良久，回身方落。贺怀智归，觉满身香气非常，乃卸幞头贮于锦囊中。及二皇复宫阙，追思贵妃不已，怀智乃进所贮幞头，具奏他日事。上皇发囊，泣曰：'此瑞龙脑香也！'"

带有杨贵妃香气的幞头巾，作为时光的信物彻底击溃了玄宗的精神。它是那么真实，又那么虚妄。是啊，正如他所言：我回了长安，贵妃又在何处？这是一对忘年恋。玄宗比贵妃大三十四岁。杨玉环二十六岁被封为贵妃，当时玄宗已六十岁。贵妃被赐死时，也不过三十七岁而已。

　　当时，禁军大将陈玄礼已杀杨国忠。他不会放过杨贵妃，即使为了自己的安全。于是，他告诉玄宗士兵仍不愿意开进，因为"贼本尚在"。玄宗冷笑，但也仅仅是冷笑。最后诀别，玄宗不忍亲睹其死，叫人把杨贵妃拉走。

　　苍老的玄宗闭上眼睛，在两行混浊的眼泪滴落前，他看到被人拉走的贵妃，在移步前回眸一笑。

大唐远征军

——一场改写了世界文明的战争

唐玄宗在位时，有大将安思顺，是安禄山的族兄，天宝年间任河西节度使。

当时安禄山已坐大，明眼人皆知其叛乱在即，安思顺为避免受牵扯，行事特别小心。几年后，安史之乱爆发，大将哥舒翰统军迎敌。安思顺素与哥舒翰不和，后者趁机诬陷，称其与安禄山勾结，有谋反的嫌疑，玄宗立斩安思顺。其实，安思顺跟那个年代多数胡人将领一样，还是非常忠于唐朝的。虽然跟安禄山沾亲，但并无越轨行为。自安禄山起兵后，做了几十年太平天子的玄宗已方寸大乱，有丰富作战经验的名将连续被杀，使得变乱之初的局势一团糟。

只说安思顺，活着时，为表达心意，在天宝初年，献给玄宗一条美丽的五色玉带。玄宗非常喜欢，主要是迷上那色彩斑斓的宝玉。于是，叫人到皇家库房搜寻用五色玉制成的器物，最后仅仅发现一只五色玉做的杯子。玄宗龙颜不悦，问内侍五色玉产在哪儿。内侍回禀说产于西域。玄宗大怒，派使者飞马西域诸国，责问他们为什么吝啬于进献宝玉。西域诸国说，真不是这样啊，我们经常进贡，但每次途经小勃律时，都会被抢走，因此运不到长安。

使者把情况报给玄宗，后者下令立即攻伐小勃律。

勃律为古国，原在今克什米尔北部。唐朝初建，吐蕃强盛，击破了勃律，使之一分为二，留在原地的被称为大勃律，向西北迁移至今吉尔吉特、斯卡杜地区的一支，称为小勃律。小勃律所在的位置，正处于西域诸国通往唐朝的咽喉要道上。开始，唐朝跟小勃律关系还不错。开元年间，小勃律国王亲入长安朝贡，受到玄宗的接见。所以，在小勃律遭吐蕃进攻时，唐军曾前去援救。但后来，吐蕃二攻小勃律，这一次将其降服。由于依附了吐蕃，所以西域诸国使团再入唐朝时，往往被小勃律以及驻扎在该国的吐蕃军打劫。

得知玄宗要攻打小勃律，很多大臣都进行劝阻，说为了点五彩玉就贸然远征，未免意气用事，有点不值当的。

就在这个时候，宰相李林甫出班发言，表示完全支持这次远征，而且认为兵贵神速，应立即就打。他的观点很简单：小勃律不断打劫西域诸国朝贡长安的使团，这本身就是对唐朝的大不敬，出师远征已完全有了借口。而且，远征小勃律，不仅可以加固安西四镇（**龟兹、于阗、疏勒、焉耆，由安西都护府统辖。该都护府与北庭都护府一起，掌管天山南北西域辽阔地带的军政事务**）的安全，更可以杀鸡给猴看，叫欲望越来越大的吐蕃有所收敛。

李林甫还提到一点，说最近西域有二十多个国家都转投吐蕃，为什么？因为它们和长安之间的联系通道被堵死了。从这个角度看，讨伐小勃律更是迫在眉睫，而不仅仅是抢点五彩玉那么简单。

玄宗大喜，认为李林甫说到了自己心坎里，遂问："谁可担此大任？"

李林甫转了一下眼珠，说："安西大将王天运可也。"

人人都说李林甫是奸相，善于玩弄权术，实际上此公是位极有能力的铁腕宰相，虽受宠专权，但办事恪守规章，且效率极高，又特别善于驾驭各类悍将。当时，唐朝边境上的重要将领，很多都是胡人出身，虽然长于作战，但野蛮骄横，可一见到李宰相，一个个大气都不敢出，骄纵如安禄山，也是紧张得汗流浃背。

李林甫虽为宰相，但兼着安西大都护的职位，对边将心中有数。就这样，朝廷传令于夫蒙灵察，点名王天运为主将，去教训小勃律。

夫蒙灵察是谁？羌人，时任安西节度使，率领导班子屯驻安西四镇中的龟兹，也就是今天的新疆库车。接到朝廷命令后，他跟自己的副手高仙芝对了个眼神儿。

关于王天运的生平，史上没有详细记载。但后来，他又出现在唐军进攻南诏的战役中。可以推测，这个人在当时是一名很有分量的边将，比较能打硬仗。因为进军小勃律，需要翻越冰雪覆盖的帕米尔高原，一般人还真含糊不得。

就这样，王天运带着四万唐军出动了。

在路上，又征发了一些附属国家的军队，组成了一支以唐军为主的多国部队，开始了对小勃律的远征。

从龟兹到小勃律，需要翻越世界屋脊，艰险程度可想而知。由于路途漫长，出发时是初秋，到小勃律国都时已是冬天。

兵临城下后，唐军二话不说，立即攻城。

小勃律国王望着城下黑压压的唐军，有点迷惘。看唐军这架势，是要灭了他小勃律啊。一害怕，国王叫人停止抵抗，派使者前往唐军大营，表示愿意继续归顺，不但把手里的五色玉都献给大唐天子，而且还拿出他们小勃律的名玉。当时，小勃律确实也产玉。杜甫曾有诗云："勃律天西采玉河，坚昆碧碗最来多。"

但被王天运一口拒绝。

这位傲慢的将军纵兵攻城，攻陷小勃律国都后，放纵唐军大肆杀掠。国王虽化装跑掉了，但唐军俘虏了三千多国民。

就这样，带着战俘以及包括五色玉在内的大量珍宝，唐军踏上东归之路。

唐军撤走的晚上，小勃律的一位精通占星术的长老，在观看星象后，徐徐道：唐人杀掠无算，此番东去，必遭大风雪。

此时已是深冬。唐军重新翻越帕米尔高原后，来到一面大湖旁。

当日天色昏暗，暴雪飞降，气温猛落。与此同时，大风骤起，激起的湖水，冻成了冰柱，随后冰柱又被吹断。一时间，仿佛末日来临。入夜后，天气更冷，结果是：唐军除汉、胡各一人生还外，其他士兵都被冻死。所俘小勃律国民，因生性耐寒，尽逃而去。

生还的汉人正是王天运将军。天运侥幸跑回龟兹，向夫蒙灵察报告，后者大惊，又飞报长安，玄宗得知消息后并不相信，叫人星夜兼程现场查看。

使者驰至那大湖边，见湖边冰柱如山。隔着透明的冰山，可以看到湖边唐朝士兵都已被冻成冰尸，或立或坐，姿态各异，仿佛冰雕。使者瞠目结舌，急忙返回，行了一段路后，再回头遥望，只见湖水茫茫，众尸消失，一切仿若梦幻。这是唐人的一种传说。不过，在暴风雪的袭击下，大军一夜之间被冻死，在概率上也不是一点可能都没有。征伐小勃律，须翻越帕米尔高原，作为世界屋脊，这一带属高寒气候，雪野冰川随处可见，何况唐时气候还没变暖，夜间更是寒冷异常，加上暴风雪骤起，达到极度深寒是大有可能的（**从贞观到天宝年间，在西域作战的唐军，经常出现一夜间冻死冻伤大队人马的事**）。至于最后尸体不见，或为冰柱消融，使得湖水暴涨，卷尸入湖，也未可知。

无论如何，这支军队最后奇异地消失了。

关于王天运伐小勃律之战，史书上记载得比较模糊，只有零星片语散见于唐人笔记。甚至有人认为，虽然史书上确有王天运其人，但却根本就没有这次远征。不过，依据当时西域的形势，假如完全否认这次远征的存在，也未必就一定更靠近真相。

小勃律是当时唐朝和吐蕃反复争夺的地区，夫蒙灵察之前的安西节度使也都曾远征过小勃律。但由于需要越过茫茫高原，路途漫长、气候恶劣，加之对方又有吐蕃军支持，所以都没有取得成功。加上这一次王天运意外失败，小勃律终成唐朝的一个噩梦。

长安方面当然不甘心就这样算了，责令安西节度使夫蒙灵察继续整军备战。就这样，到了天宝六年（747）。

这一次，出任远征军统帅的是安西节度副使高仙芝。

高仙芝本高丽人，出身军将世家，自少年时代，就随父转战西域（其家族疑似来自高丽王族。高宗年间，唐灭高丽，包括当地王族在内的一些高丽人迁至中土）。最初，他在军中寂寂无闻，后被夫蒙灵察重用和提拔。此人容貌俊朗，善骑射，性格复杂，集谋略、果断、残忍、贪婪、傲慢、自卑、骁勇、懦弱于一体。

这一年春天，做足了军需准备后，高仙芝率一万精兵，闪击小勃律。

安西军团仍从龟兹出发，重新翻越世界屋脊，在冰山雪岭上绝地行军。翻越高寒地带后，深入异境，以屯有吐蕃重兵的连云堡为目标，高仙芝分兵三路疾进，最后三路人马同时抵达。由此可见仙芝用兵之精准。在连云堡之战中，仙芝帐下悍将李嗣业勇猛无敌，大破吐蕃军。没多久，唐军再次兵临小勃律国都，一战而定，生擒其国王。

高仙芝这个闪击战打得非常漂亮，随后西域七十二国因震恐皆降，可以说建立了绝世大功。但报捷时，不知是高仙芝太兴奋还是故意贪功，绕过了自己的顶头上司夫蒙灵察，直接派信使去了长安。这当然犯了官场大忌。所以，在当年秋天率军班师龟兹时，夫蒙灵察没派出一个人迎接。

高仙芝此时也知道闯了祸。

按史书上记载，进城后，夫蒙灵察看到高仙芝，问："于阗使谁与汝奏得？"（于阗镇守使这个官是谁向朝廷给你讨的？以下类似）

高仙芝答："中丞。"（夫蒙灵察当时兼摄御史中丞）

夫蒙灵察："焉耆镇守使谁边得？"

高仙芝答："中丞。"

夫蒙灵察："安西副都护使谁边得？"

高仙芝答："中丞。"

夫蒙灵察："安西都知兵马使谁边得？"

高仙芝答："中丞。"

夫蒙灵察瞬间怒吼："既然都是我为你讨的，你安敢不经过我而直接向长安报捷？"

夫蒙灵察看来真是气急了。但也怪不得这位羌人大帅。高仙芝这事做得确实有问题。夫蒙灵察要斩杀高仙芝，但最后又补了一句："看在你新立大功的分上，暂时饶了你！"

当然，这只是给自己个台阶下，他还是不敢决杀刚立大功的高仙芝的。

唐玄宗时起，有宦官监军制度。跟随高仙芝远征的监军宦官，叫边令诚。看到这一情景，有点儿为高仙芝鸣不平。所以回长安后，向龙颜大悦的玄宗报告了来龙去脉，最后说："高将军立奇功而忧死，以后谁还会为朝廷所用呢？"

在这样的背景下，玄宗征召夫蒙灵察入朝，而把安西节度使一职给了高仙芝。

至于那位王天运将军有没有参加高仙芝的远征我们不得而知。所了解的仅仅是：四年后，他战死于唐朝进攻南诏的战争中。

就在王天运死去的这一年，征服小勃律的高仙芝又开始了一次大冒险。

作为玄宗年间最著名的边境将领，高仙芝最终是以"贪婪的征服者"的面目出现在史书中的。灭小勃律后的几年里，他率唐军转战西域，擒王灭国，声威远震。每次高仙芝入朝，都要带回不少战利品，而这战利品不是某国国王，就是某部落的可汗。所以，玄宗每次看到高仙芝时，都紧握其双手，第一句话就是："辛苦了。"

当时西域有个石国（王室为汉朝月氏人后裔，中亚"昭武九国"之一。当初，一部分月氏人居住于祁连山昭武城，后为匈奴所迫，迁徙于中亚的粟特地区，即今天乌兹别克斯坦的撒马尔罕一带。其后裔在当地建立了康国、石国、安国、米国、曹国、史国等九个国家），在一件事上得罪了高仙芝，后者称其"无番臣礼"。在高仙芝看来，得罪他就是得罪唐朝，所以即行征讨。

大兵压境后，石国国王主动请降，高仙芝假装应允，随后袭其国都，俘国王，掠珍宝，屠其城。在回师路上，又顺道征讨了突骑施国（西突厥别部），俘其可汗。所以，天宝十年（751）正月，高仙芝入朝献俘时，一次性交给玄宗以下战俘：石国国王、突骑施可汗、揭师国王（此前一次远征中俘获）和吐蕃的一名大酋长。

对高仙芝在西域的征战，玄宗有喜有忧。喜的是，有此经验丰富无往不胜的大将，忧的是有人弹劾仙芝兴师灭国有自树其威和假公济私的嫌疑。比如，对石国和突骑施的攻打。但问题是，玄宗也是个好大喜功的人，因而并没治罪于高仙芝的想法，只是一度想把他跟前面提到的河西节度使安思顺对调。但安不想去西域上任，设计谋叫部下强留自己，最后没调动成。

就在这时，西域又面临着一次新的大战，想调回高仙芝也不可能了。

当时无论攻击小勃律，还是征服其他国家，都是唐朝与吐蕃西域争夺战的一部分。如果单纯地指责高仙芝好扬威异域也是不恰当的。在高仙芝一连串的行动下，到八世纪中期，吐蕃的进攻势头显然已被遏制，在安史之乱前他们实际上退出了这场对决。

但就在这时候，一个更庞大更危险的对手来了，这就是大食（阿拉伯帝国）。

高仙芝毁灭石国后，该国王子逃了出去，转诉于西域各国。此时，以大马士革为都城的大食帝国崛起，一直在向东方发展，已征服了不少城邦。所以趁此机会，大食联合西域属国，欲进攻大唐安西四镇。高仙芝得知这个消息后，遂决定主动出击。

唐朝和大食为当时世界上东西两大帝国。唐朝的触角往西伸展，大食的触角往东扩张，"火星撞地球"的事迟早要发生。

跟王天运当初伐小勃律一样，高仙芝也组成了联军。这也是唐军在西域征战的惯例。此次联军中除两万唐朝骑、步兵外，还有一万名来自葛逻禄和拔汗那的士兵。拔汗那是西域古国，汉朝时称大宛，以出"汗血宝马"著称。葛逻禄则跟突骑施一样，是西突厥的一支。但该部狡猾无常，天宝初年才降服于唐朝。

天宝十年（751）四月，高仙芝带着李嗣业、段秀实等大将，率两万精锐唐军又一次从龟兹出发，开始了对大食的远征。在向西的路上，陆续会合了葛逻禄和拔汗那的人马。此时，大食帝国的四万主力军也在由西向东进行威力搜索。最高统帅是这个帝国呼罗珊地区（统辖今伊朗、阿富汗和土库曼斯坦的一部分）的总督艾布，实际指挥官是一名叫齐雅德的将军。

历史上，大食帝国分白衣大食和黑衣大食两个王朝。

最初建立的是白衣大食，又称伍麦叶王朝。后来，强人阿拔斯以呼罗珊地区为基地，发起反对伍麦叶王朝的战争，在一年前也就是公元750年春攻陷大马士革，建立阿拔斯王朝，即黑衣大食。这是一个更加强盛的帝国，当时丝绸之路上的很多王国都已臣服。

高仙芝的三万联军和齐雅德的四万军队，一个由东向西，一个由西向东行进，三个月后也就是七月时遭遇于怛罗斯（现哈萨克斯坦的塔拉兹，以前称江布尔）。

这次遭遇是划时代的。

此时怛罗斯城已被大食军队控制。对这个地方，久经阵仗的唐朝安西军团的士兵并不陌生。

那是开元二十六年（738），前面提到的突骑施发生内乱，叛军盘踞两个地方对抗唐军，一个地方是我们熟悉的碎叶城（**传说中李白出生的地方，今吉尔吉斯斯坦托克马克**），另一个地方就是怛罗斯。唐军攻克碎叶城后，时为大将的夫蒙灵察分遣一部兵力长途奔袭怛罗斯，克城擒王（**随后，突骑施在唐朝的支持下，一直跟大食帝国作战**）。

当高仙芝的安西军团抵达怛罗斯时，大食帝国也组建了一支联军，除四万阿拉伯骑兵外，还召集了六万属国的部队，一共十万人拦截唐军。也就是说，在怛罗斯，是一场三万打十万的会战。

在人数上，高仙芝不占优势。但他手下的唐军尤其是作为主力的两万汉家子弟，每个人都身经百战（"**汉兵大呼一当百，房骑相看哭且愁**"）。对阵时，唐军的战术是，陌刀兵在最前，后面是弓弩兵，再后面才是骑兵。第一波先是陌刀和弓弩兵决杀。第二波，则是双方骑兵的对冲。此时，高仙芝每每仿效太宗李世民，身先士卒，必单骑冲在最前面，这也是他的军团在西域无往不胜的原因之一。

在怛罗斯，这样的场面再次出现：

高仙芝挥刀突击，身后一左一右，是李嗣业和段秀实。悍将李嗣业最善使陌刀，勇猛到什么程度呢？"当嗣业刀者，人马俱碎。"可以想象那血肉横飞的场景。当初高仙芝攻小勃律，在连云堡一战，李嗣业以一口陌刀杀敌无算，挡者立死。在他们身后，是乌云一般席卷而来的唐骑。

这场景多少年后依旧令人心神激荡。

在怛罗斯，唐军和大食军整整厮杀了五昼夜。

第一天激战中，精神强悍、勇猛顽强且经验丰富的唐军，在力战之后取得优势，当日斩杀大食联军三千人。冷兵器时代的战争，尤其是在广阔大草原上列阵对决，其残酷性是后人难以想象的。

怛罗斯，成为八世纪中期的"血肉磨房"。

对阵到第四天，唐军已击灭大食联军近两万人。当然，他们也付出巨大的代价。因为阿拉伯骑兵亦是当时最强悍的骑兵之一，盾牌之外，人手一把锋利的大马士革弯刀。四天下来，唐军也有六千人战死。

当两军厮杀到第五天，入夜后，一个天不佑唐的消息传到高仙芝耳朵里：军中的葛逻禄籍士兵叛变了！

数千人从唐军身后兜杀过来。此时，正面的大食军队派出全部骑兵，在大将齐雅德率领下发起反击。瞬间，唐军处于两面夹击中。古时作战，不怕正面强攻，就怕两面夹击。因为这对士兵心理的冲击是巨大的。

大唐安西军团就是在这样的背景下，于第五天遭到大食军队的翻盘，"士卒死亡略尽，所余才数千人"。但这并没有摧毁高仙芝的意志，他想收拾残部，向大唐属国借兵再战，一如唐太宗时代的外交官王玄策降服天竺那样。

但终为李嗣业所劝阻。

高仙芝带着残余的五六千人马退回了龟兹。大食军队畏于唐军的勇武，也没敢乘胜追击，而是见好就收，至此停止了东进步伐。

在作为正史的新、旧《唐书》中，关于怛罗斯之役的记载非常稀少，两书的撰写者似乎并不太关心这一战，认为只是唐朝在西域若干次征战中的一次而已。但这一战对世界文明的发展却产生了巨大影响：该战中，大食军队俘虏了一些唐朝士兵和工匠，造纸术、指南针和火药由此传入阿拉伯，随后又传到欧洲。世界文明的进程，就这样偶然地被改写。

高仙芝也从怛罗斯带回来一些物件。比如，一种叫"诃黎勒"的东西。唐人的记载是："高仙芝伐大食，得诃黎勒，长五六寸。初置抹肚中，便觉腹痛，因快痢十余行。初谓诃黎勒为祟，

因欲弃之，以问大食长老，长老云，'此物人带，一切病消，
痢者出恶物耳。'仙芝甚宝惜之，天宝末被诛，遂失所在。"
这是一种可以去掉人体恶疾的宝物。

但在玄宗末年，唐朝之疾已无法根治了。

在高仙芝带着"诃黎勒"和几千名残兵忧郁地回到大唐后，
玄宗宽慰有加，征其入朝，封右羽林大将军。在长安，高仙芝
开始了难得的一段安闲的日子。但四年过后，天宝狂飙骤起，
安史之乱爆发。玄宗以高仙芝为主将御敌。在此之前，高仙芝
的老部下封常清已与叛军接战，但连战连败，在退逃途中，于
陕州附近遇见高仙芝的人马，极言安禄山军势之不可当，又言
此时潼关缺少兵力，一旦叛军长途奔袭潼关，长安就危险了，
所以建议高仙芝放弃陕州而退保潼关。

这时监军宦官仍是边令诚。当初他曾保举高仙芝，后来
高仙芝没怎么买账。因为他厌恶宦官干涉军事。这一次，边
令诚扮演了落井下石的角色，上谗言，指责仙芝不战而退，
且克扣给士兵的军需与赏赐。六神无主的玄宗在震怒中传旨
斩杀高仙芝。

被缚后，面对士兵们，高仙芝说："我退不假，但引军至此，
为护卫长安，亦无克扣军需与赏赐。如果我说的是真的，你们
就为我呼冤枉。"营中士兵皆呼："冤枉！"但亦被杀。

金銮秘记

一 来自地狱的迎驾使者

从一个故事讲起：

故事开始后，率先进入我们视野的是两位县尉：洪州高安县尉辛公平和吉州庐陵县尉成士廉。他们是泗州下邳人，此行奔赴长安，接受朝廷新的任命。由东而西，一路行来，至于洛阳境内时遇雨，避于洛西榆林店。

这家客栈很简陋，只有一张床看上去还比较干净，但已被一位身着绿衣的旅客所占。店主有些势利，见辛、成二人有仆从跟随，又是官员打扮，于是进屋喊醒绿衣客，叫他腾床位。绿衣客起身回望。这时，辛公平在屋外对店主表示，这样做不合适，认定旅客的贤德与身份，不在于随从盛大与否。最后，辛公平叫绿衣客继续安歇。辛、成在旁边的屋子安顿下来。

夜深后，他们吃起夜宵，并邀请绿衣客就座。绿衣客欣然从命。问其姓名，绿衣客自称王臻，言谈深刻，富于思辩，为辛、成所敬。酒过三巡，辛公平发出人在旅途的感叹："都说天生万物，唯人最灵，但世事无常，每个人甚至不知道自己明天又如何！人又灵在哪儿呢？"

"也许我知道。人之命运，皆为注定，比如你们前行，相继会在磁涧王家、新安赵家食宿。"王臻说。随后，他还描述到辛、成二人将要吃到的东西，"我步行，不能在白天相随二君，唯有夜会。"他又补充了一句。

辛公平和成士廉相视，唯笑而已。因为他们不相信王臻说的话。随后大家安歇。天未亮时，辛、成二人发现王臻已不见身影。黎明时，二人也离开洛西榆林店，继续前行。后来，他们果真在磋涧王家、新安赵家食宿，吃的东西也和王臻描叙的一样。二人大异。在新安之夜，王臻又出现了，二人拉着他的手，称之为神人。三人夜行，至阌乡，王臻说："你们当是明智之人，知道我是干什么的吗？"

　　辛公平："博才多学，当是隐遁的高士。"

　　王臻："错。实不相瞒，我是来自阴间的迎驾者。"

　　"阴间的迎驾者？"辛、成二人感到一丝战栗。迎驾当然是迎接皇帝，而来自阴间的迎驾使，也就意味着他是为索皇帝之命而来的。"只有你一个人？"

　　王臻继续说："当然，不止我一个人，与我同来的还有五百骑兵和一位大将军，我只是将军的部下。"

　　"他们在哪儿？"辛公平问。

　　王臻："这前后左右都是，只不过你看不到罢了。好啦，感谢二位先前的照顾，我来日在华阴县请你们吃饭。"

　　天亮前，王臻又与二人告别。

　　却说抵达华阴时，又已是黄昏，王臻带了丰美的酒肉而来，宴请辛、成。华阴已过，长安在望，他们夜宿灞水馆驿。

王臻："大将军和我的使命是迎接皇帝'上仙'，这实在是人间诡谲之大事。辛县尉想参观一下这场景吗？"

辛公平自然清楚，"上仙"是皇帝驾崩的委婉说法。也就是说，王臻向他发出邀请，叫他去参观皇帝死亡的场面！故事发生到这里，令人倒吸一口凉气。

未等辛公平回答，成士廉开口道："为什么丢下我？我难道不可以同去参观吗？"

"观看这样的场面，会给人带来晦气。比之于辛县尉，您的命比较薄，所以还是不去为好，这是为君着想，并非厚此薄彼。到长安后，成县尉可暂住开化坊西门王家。"王臻解释道，随后对辛公平说，"你可在灞桥之西的古槐下等我。"

成士廉没办法。却说辛公平，此日奔向灞桥之西。将到约定地点，看到有一股旋风飞荡而去。在槐树下还未站定，又有一股阴风席卷而来，刮入林中，转眼间，一队人马出现在他面前，马上一人，正是王臻。他带辛公平拜见了大将军。

大将军当是听到了王臻的叙说，故对辛公平赞赏有加，并嘱咐王臻，"你既然把他召来参观'上仙'的仪式，就应尽主人之分，好好照顾他吧。"

就这样，辛公平跟着这队奇异的人马进了长安。

入通化门，至天门街，一位不知从哪里来的面目不清的官吏对大将军说，人马太众，可分配一下。大将军应允。于是，兵分五路，大将军带着亲近卫队，入驻一座寺庙。王臻与辛公平住于西廊下，前者对其照顾有加，还告诉辛公平阴间与阳间授官的特点，并承诺帮助辛、成二人顺利升官。在庙里住了几天后，大将军有些不耐烦："时间将到，不能再等。但现在皇帝周围有众神保护，不能迎接他'上仙'，如何是好？"

王臻想了想，出了一条计策："可在宫里进行一次夜宴，到时候满是荤腥，众神昏昏，我们就可以行动了。"

大将军微笑点头。布置妥当，大将军身着金甲，下令道："戌时，兵马向皇宫齐进！"迎驾行动开始了。队伍进大明宫，入丹凤门，过含元殿，侧行进光范门，穿宣政殿，到达正在进行夜宴的场所。大将军迅速派人包围了这里，并带五十名士兵携着兵器入殿。

夜宴之上，烛火沉沉，优伶歌舞，一如木偶。

在阴郁的气氛中，御座上坐着皇帝。三更过后，夜宴上突然出现一个身影：此人身着绿衫黑裤，衣服上绣着红边，披着奇怪的披风，戴着有异兽造型的皮冠，上面笼了一层红纱，打扮阴森可怖。他手持把一尺多长的雪亮的金匕首，如宦官一样拉长声音喊道："时辰已到！"

说罢，这位身穿奇怪服装的人捧着匕首，凝望着皇帝，一步一步登上玉阶……

这样的场景本身就令人不寒而栗。

来到御座旁，他跪下献上匕首。宴会大乱！皇帝望着眼前的金匕首，感到一阵晕眩，这时音乐骤停。拥上来一些人，把皇帝扶入西阁。但许久都没出来。这时，大将军说："时辰不可拖，何不现在就迎接陛下'上仙'？"

西阁里一片黑暗。过了一会儿，传出声音："给陛下洗完身子了吗？洗完即可上路！"

随后是洗浴之声。五更天，皇帝登上玉舆，被送出西阁。见到皇帝后，大将军只是施了一礼，而未跪拜："人间劳苦，世事多艰，为天子者，日理万机，且深居宫廷，色欲纷扰，往往受惑，你那清洁纯真之心还有吗？"

皇帝："心非金石，看到诱惑，谁能不乱？但现在已舍弃人世，释然了。"

大将军大笑。那是对皇帝的嘲笑。玉舆出宫，宫人以及诸妃，一边呜咽流泪，一边"抆血捧舆"，即擦着血迹，拉着玉辇，不忍其离去。这是一个关键的描写，血迹斑斑，可见皇帝并非正常死亡。在大将军的带领下，人们簇拥着皇帝的亡灵穿过宣政殿，迅速如疾风迅雷，飘然而去。

目睹了整个皇帝"上仙"场景的辛公平已仿若痴人。

王臻把他送到一个地方，说："这是开化坊王家，成县尉住在这里。迎皇帝'上仙'仪式已结束，你不能再跟着了。回去后，为我多谢成县尉。"说罢，王臻扬鞭而去，慢慢消失不见。

辛公平回身叩门，开门的果然是成士廉。但他所看到的场景，却不敢告诉成。几个月后，辛公平听到朝廷公布的皇帝驾崩的消息（这一点很奇怪，也就是说作者在暗示：皇帝实际上早已被杀，但消息在几个月后才由朝廷发布）。转年，他被任命为扬州江都县簿，成士廉被任命为兖州瑕丘县丞，应了当初王臻答应帮助他们晋级之言。

现在我们可以说了，上面的故事，出于中唐李复言所著《续玄怪录》里的《辛公平上仙》。这是我们所能看到的唐代志怪笔记里最隐秘的一篇。不妨回顾一下原文中的段落："……宣政殿下，马兵三百，余人步，将军金甲仗钺来，立于所宴殿下，五十人从卒环殿露兵，若备非常者。殿上歌舞方欢，俳优赞咏，灯独荧煌，丝竹并作。俄而三更四点，有一人多髯而长，碧衫皂袴，以红为幖，又以紫縠画虹蜺为帔，结于两肩右腋之间，垂两端于背，冠皮冠，非虎非豹，饰以红罽，其状可畏。忽不知其所来，执金匕首，长尺余，拱于将军之前，延声曰：'时到矣！'将军颦眉揖之，唯而走，自西厢历阶而上，当御座后，跪以献上。既而左右纷纭。上头眩，音乐骤散，扶入西阁，久之未出。

将军曰：'升云之期，难违顷刻，上既命驾，何不遂行？'对曰：'上澡身否？然，可即路。'遽闻具浴之声。五更，上御碧玉舆，青衣士六，衣上皆画龙凤，肩舁下殿。将军揖：'介胄之士无拜。'因慰问：'以人间纷挐，万机劳苦，淫声荡耳，妖色惑心，清真之怀得复存否？'上曰：'心非金石，见之能无少乱？今已舍离，固亦释然。'将军笑之，逐步从环殿引翼而出。自内阁及诸门吏，莫不鸣咽。群辞，或抆血捧舆，不忍去者……"

这绝然是唐人志怪中最精彩的描写。这种精彩，仅仅是说其刻画的场面是如此阴森、惊悚和恐怖。

现在就有一个问题了：北宋初年的大型类书《太平广记》博收唐朝志怪与传奇，而却唯独将此篇排斥在外，原因到底何在？

作者李复言身份神秘，有人认为他是白居易的好友李谅，但似不太可靠；又说其为李谅的门客，也是猜测而已。但无论作者是谁，《续玄怪录》都因为这篇笔记而独一无二。

按《续玄怪录》作者李复言的说法，这个故事是唐宪宗元和初年，他在徐州听辛公平之子说的。但开篇是讲元和末年发生的事，在文尾又说故事是元和初年听到的，显然是相互矛盾的。仔细探究会发现，文尾的"元和初年"当是唐文宗"大和初年"之误。这样一来就解释得通了。也就是说，古人在传抄的过程中，在这个位置，把"大"写成了"元"。按李复言的说法，之所以记下来，为的是警告像洛西榆林店店主那样目光短浅的势利之辈。这显然是托词。因为明眼人都可以看出来，强迫皇帝"上仙"即死亡才是故事的中心。正常的"上仙"程序，应该是：皇帝病危，无药可治，阴间迎驾使前来迎接。

但上面故事中讲述的情况却不是这样。

在烛火幽暗的深宫夜宴中，当那个身着奇异服装的人拉着宦官一样的长音喊"时辰已到"时，一切都无可挽回。皇帝不管愿不愿意，最后都得"上仙"。

在此之前，大将军对皇帝周围的"诸神"表示担心，因为他们保护着皇帝。在这种情况下，王臻建议在宫中进行一次夜宴，麻痹皇帝周围的"诸神"。保护皇帝的"诸神"，可以被认为是大内侍卫的化身。随后大将军带人手持兵器包围了皇帝进行夜宴的宫殿。当那个怪人捧着金匕首一步步走向皇帝时，最紧张的部分开始了。皇帝在金匕首寒光的照耀下，晕眩地被扶进西阁。

门关上了，一片漆黑。

西阁内发生了什么？

所有最残酷的场面，后人可以去想象了。

《辛公平上仙》的故事印证了唐人志怪笔记的重要史料价值。叙述虽然不动声色，但那种内在的紧张气氛和压抑感令人毛骨悚然。

至于故事中被杀害的皇帝是谁，有人认为是唐宪宗。持这种说法的是陈寅恪先生。有人认为是唐宪宗之父、当时的太上皇唐顺宗。这是卞孝萱先生的判断，认为李复言在元和初年曾为官徐州，也就是说结尾的"元和初"一处不误，有差错的是开篇的"元和末"，是唐德宗"贞元末"的误写。

但如果我们翻阅《旧唐书》"敬宗本纪"的话，会发现唐敬宗被宦官所害的场面，极符合《辛公平上仙》中弑君的情景："帝夜猎还宫，与中官刘克明、田务成、许文端，打球军将苏佐明、王嘉宪、石定宽等二十八人饮酒。帝方酣，入室更衣，殿上烛忽灭，刘克明等同谋害帝，即时殂于室内，时年十八。"但是，如果暗示是唐敬宗，又不符合被弑后隔了几个月才被朝廷公布死亡的记述。在这里只能存疑了。

按文中交代的年代背景看，死者应是唐顺宗。贞元二十一年即公元805年正月，唐德宗死去，正月二十六，太子李诵即位，是为唐顺宗，随后任用王伾、王叔文、刘禹锡、柳宗元等"二王八司马"革新朝政，但在宦官和另一派大臣的反对下，很快终止变法。宦官俱文珍、刘光锜、薛盈珍逼迫其将皇位传给太子李纯即唐宪宗。

这是贞元二十一年八月初四的事。

两个月后的十月发生了一个事件：一个叫罗令则的人秘密奔

赴秦州，自称得了太上皇顺宗的密旨，要求陇西经略使刘澭起兵废黜非正常即位的唐宪宗。刘澭把事情捅到长安，罗令则被处决。

事件发生后太上皇顺宗的处境立即危险起来。

元和元年即 806 年正月十八，宪宗突然告诉大臣们太上皇顺宗病情未愈，第二天宪宗又向大臣宣布了一条消息：太上皇顺宗已病死。

人们自然可以看出这是凶手玩的一个把戏。

太上皇顺宗死于兴庆宫，此宫在长安城东门春明门内侧，但发丧仪式却是在太极宫太极殿举行的。一般情况下是不会易地发丧的。太上皇顺宗被易地发丧，有可能暴露了一个问题：即他不是正月十九日死的，而是在前一年十月罗令则事件发生后就已被杀。安排易地发丧，只是为了不叫人们看到其尸体。这样的推断，与故事中所说的辛公平目击"上仙"场面几个月后，才听到朝廷宣布皇帝驾崩的消息是切合的。

唐顺宗被弑之秘闻，不只见于《辛公平上仙》一文。

作为顺宗所亲近的大臣刘禹锡，在其晚年写下的《子刘子自传》，也隐晦地透露出相关消息："……贞元二十一年春，德宗新弃天下，东宫即位。时有寒俊王叔文，以善弈棋得通籍博望，因间隙得言及时事，上大奇之。如是者积久，众未知之。至是起苏州掾，超拜起居舍人，充翰林学士，遂阴荐丞相杜公为度支盐铁等使。翌日，叔文以本官及内职兼充副使。未几，特迁户部侍郎，赐紫，贵振一时。予前已为杜丞相奏署崇陵使判官，居月馀日，至是改屯田员外郎，判度支盐铁等案。初，叔文北海人，自言猛之后，有远祖风，唯东平吕温、陇西李景俭、河东柳宗元以为言然。三子者皆与予厚善，日夕过，言其能。叔文实工言治道，能以口辩移人。既得用，自春至秋，其所施为，人不以为当非。时上素被疾，至是尤剧。诏下内禅，自为太上皇，后谥曰顺宗。东宫即皇帝位，是时太上久寝疾，宰臣及用事者都不得召对。宫掖事秘，而建桓立顺，功归贵臣……"

"宫掖事秘，而建桓立顺，功归贵臣"，用的是东汉顺帝和桓帝为宦官所拥而坐稳帝位的典故，所暗示的自然是发生在长安大明宫里的政变。此外，诗人又有《武陵书怀五十韵》一诗，其中亦有项羽杀义帝的典故，似乎也在隐晦地诉说着什么。

把当时不可明记于史的秘闻以志怪、传奇、诗歌、寓言、小传等形式写下来，是唐人的一个传统。这吉光片羽般的碎片和雪泥鸿爪一样的线索，让后人深深地沉迷其中。

这样的例子，还有柳宗元所写的奇文《河间传》。

和刘禹锡一样，柳宗元也因顺宗的被迫退位和"永贞革新"的失败而遭宪宗之贬，去了迢迢的南方，以致最终死在柳州。这种愤愤不平如果出现在笔下，似乎也不太奇怪："河间，淫妇人也。不欲言其姓，故以邑称……"在这篇传奇中，柳宗元塑造了一个由贞洁少女转变为淫妇的"河间"的形象。如果不出意料的话，这篇文章正是借"河间"来讽刺唐宪宗；或者说，文中的淫妇"河间"就是唐宪宗。

传奇中，最初的河间，颇有节操，遇陌生男子后，"河间惊，跣走出，召从者驰车归。泣数日，愈自闭，不与众戚通"。就是这样一个节妇，后来经他人胁迫和勾引，一步步跌入淫逸的池塘："先，壁群恶少于北牖下，降帘，使女子为秦声，倨坐观之。有顷，壁者出宿选貌美阴大者主河间，乃便抱持河间。河间号且泣，婢夹持之，或谕以利，或骂且笑之。河间窃顾视持己者甚美，左右为不善者已更得适意，鼻息咈然，意不能无动，力稍纵，主者幸一遂焉。因拥致之房，河间收泣甚适，自庆未始得也。至日仄，食具，其类呼之食。曰：'吾不食矣。'且暮，驾车相戒归，河间曰：'吾不归矣，必与是人俱死。'群戚反大闷，不得已，俱宿焉。夫骑来迎，莫得见，左右力制，明日乃肯归。持淫夫大泣，啮臂相与盟而后就车。既归，不忍视其夫，闭目曰：'吾病。'与之百物，卒不食。饵以善药，挥去。心怦怦。恒若危柱之弦。夫来，辄大骂，终不一开目，愈益恶之，夫不胜其忧。数日，乃曰：'吾病且死，非药饵能已，为吾召鬼解除之，然必以夜。'其夫自河间病，言如狂人，思所以悦其心，度无不为。时上恶夜祠甚，夫无所避，既张具，河间命邑臣告其夫召鬼祝诅，上下吏讯验，笞杀之。将死，犹曰：'吾负夫人！吾负夫人！'河间大喜，不为服，辟门召所与淫者，倮逐为荒淫。居一岁，所淫者衰，益厌，乃出之。召长安无赖男子，晨夜交于门，犹不慊。又为酒垆西南隅，己居楼上，微观之，凿小门，以女侍饵焉。凡来饮酒，大鼻者，少且壮者，美颜色者，善为酒戏者，皆上与合。且合且窥，恐失一男子也，犹日呻呼懘懘以为不足。积十余年，病髓竭而死……"

最后，柳宗元这样点评河间："天下之士为修洁者，有如河间之始为妻妇者乎？天下之言朋友相慕望，有如河间与其夫之切密者乎？河间一自败于强暴，诚服其利，归敌其夫犹盗贼仇雠，不忍一视其面，卒计以杀之，无须臾之戚。则凡以怀爱相恋结者，得不有邪利之猾其中耶？亦足知恩之难恃矣！朋友固如此，况君臣之际，尤可畏哉！余故私自列云。"

在《河间传》中，少女"河间"（宪宗）一点点被坏人（宦官）勾引，从羞怯的人妻，变成人尽可夫的淫妇，而且最终纵欲暴死（被弑）。

这里有个问题：柳宗元死于元和十四年（819）十一月，而宪宗被宦官王守澄、陈弘志弑于元和十五年（820）正月。也就是说，在宪宗暴崩前，柳宗元已去世。那么可靠的解释只能是：在柳宗元死前，就已预言了宪宗必将被宦官所弑。

还是回到顺宗。其被弑，与以俱文珍为首的扶植宪宗即位的宦官集团难脱干系。至于宪宗（**宪宗被弑，太子也就是后来的穆宗则必定参与了**）本人是否参与，便有些不好说了。但至少，是经过宪宗默许的。

当年宪宗的太子之位，就是在俱文珍等人的支持下战胜有力的竞争者而获得的。如宪宗帝位不稳，那么他们也是危险的。而太上皇顺宗如果继续存在，即使他身体羸弱，对他们也是一个威胁。罗令则事件已经是个信号。在这种情况下，宦官们铤而走险，决定处死太上皇顺宗。按《辛公平上仙》里的暗示，顺宗是被匕首刺死的。谁是手刃顺宗的凶手？故事中进献匕首的身着奇异服装的人以及大将军和王臻的原型是谁？现在已无法判断。

这样的话，唐顺宗也就成为唐代第二位被弑的皇帝（**太上皇**）。

在此之前，有作为太上皇的唐玄宗（**苏鹗《杜阳杂编》中隐秘记载，玄宗实为权宦李辅国害死**）被弑；在其之后，则有唐宪宗（**为王守澄、陈弘志所弑**）、唐敬宗（**为刘克明所弑**）和唐宣宗（**为王宗实所弑，见《东观奏记》**）。也就是说，唐朝的皇帝中，四分之一是死于宦官之手的。

至于顺宗之死，在当时则首开宦官杀害皇帝后不被追究的恶劣先例。

鱼文匕首犯车茵

——一场关于宰相的刺杀

　　唐宪宗元和十年（815）六月初三凌晨，段成式的外公、大唐宰相武元衡被睡梦中的乌鸦的聒噪吵醒。

　　这里是长安。今天，武元衡要上早朝。

　　与此同时，身在成都的美女诗人薛涛做了个梦：在梦中，她望到遥远的长安郊外曲江畔的梨花，一夜落尽成秋苑。在一片雪色中，武元衡慢悠悠地向她走来，并吟诵着那首《赠送》："麻衣如雪一枝梅，笑掩微妆入梦来。若到越溪逢越女，红莲池里白莲开。"这首诗是他当年写给薛涛的。开始时，武元衡浑身是白色的，走着走着，渐渐地变成了暗红色。

　　当时，薛涛与很多著名诗人关系暧昧，包括元稹、张籍、王建，甚至还有刘禹锡和杜牧。走得最近的，被认为是甚为风流的元稹，以至于后来很多人觉得，薛涛发明"薛涛笺"，初衷是为向元稹表达情念之思（**史书上载："元和中，元稹使蜀，薛涛造笺以寄"**）。可这未必是最后的真相。元稹也许是跟薛涛走得最近的人，但未必是真正征服她灵与肉的那一位。

　　接着说六月初三凌晨发生的事：

　　此时天还没亮，一队侍卫打着灯笼，簇拥着宰相武元衡出了府邸。

　　武元衡的府邸在靖安坊。长安城的规划是，以中央的朱雀大街（宽150米，长5000多米，长安人称其为天街）为中轴线，分东、西两大部分。东部归属万年县管辖，西部归长安县管辖。靖安坊社区坐落在东城，武家靠近靖安坊东门，每次上朝，出东门，往北走，一直下去，就是大明宫。

武元衡带着侍卫，出靖安坊东门时，突然想到薛涛的一首诗的最后两句："谁言千里自今夕，离梦杳如关塞长。"也就是在这个时候，两名侍卫提的灯笼突然被飞箭射灭。武元衡骑在马上，前面有名导骑牵着马。在灯笼被射灭的瞬间，导骑大喊："不好，有刺客！"随即臂膀中箭。

与此同时，旁边的几名侍卫也倒在地上。

飞箭是从大街两边茂盛的树冠中射出的。当武元衡反应过来时，十余名提剑的刺客已从树上跃下，从两面包抄直扑过来！

显然，刺客都是百里挑一的高手，尤其轻功了得。

说到轻功，这里插一段。《酉阳杂俎》曾道："或言刺客，飞天夜叉术也。韩晋公在浙西，瓦官寺因商人无遮斋，众中有一年少请弄阁，乃投盖而上，单练骊履膜皮，猿挂鸟踢，捷若神鬼。复建罂水于结脊下，先溜至檐，空一足，欹身承其溜焉。睹者无不毛戴。"说的是晋国公韩滉镇守浙西时，在瓦官寺举行过一次无遮会。所谓无遮会，即贵富贫贱无所区分的法会。这类法会往往由商人发起组织，在寺院里举行，其中穿插很多娱乐节目，但主要目的是商品交易，为现在庙会的前身。当时，在现场，有一少年表演轻功：飞檐走壁于楼阁间，一如猿鸟敏捷；又曾表演倒挂金钩的技巧，也称"珍珠倒卷帘"，两脚钩于高楼的檐瓦间，而身体悬空，随后快速地侧向移动，在场的人看后无不寒毛倒竖。

这少年当是杂技班子的成员。但唐时，很多刺客即由杂技艺人转行而来。因此，很难说此少年日后不会成为一名刺客。轻功是刺客需要掌握的第一门要技。有人说，刺客所掌握的轻功类似于飞天夜叉的本领（佛教中的飞天夜叉可在空中自由飞翔）。对一名优秀的刺客来说，可以没蛮力，但必须有轻功，蹿房跃脊，飞檐走壁，如履平地，这既能保证你在短时间内接近行刺对象，也能保证得手后迅速脱身。

武元衡所面对的刺客，显然就是有"飞天夜叉"之术的轻功高手。

兵器相接后，武元衡身边的侍卫根本不是对手。其中一名刺客斩杀导骑后，拉着武元衡的马走了十来步，从容地砍下武的脑袋。

当武元衡府邸的大队人马赶到后，"持火照之，见元衡已踣于血中"。那已是一具无头尸了。武元衡死后，所骑的马一直溜达到大明宫的建福门。

这起刺杀事件令整个帝国震惊。

宰相被杀并不稀奇，稀奇的是被刺死在大街上。这在中国历史上是第一次也是唯一一次。凶手的背景很快就被查明了——来自割据的藩镇。

　　安史之乱后，藩镇在财政上自收自支，不向朝廷交税；在人员继承上自己说了算，父传子、兄传弟，而且，主帅被部将控制，部将又被小兵控制，所谓"长安天子，魏博牙军"（河北魏博镇，当时第一强藩，最骄横的是主帅的牙兵，也就是亲兵，一不如意，就发动"下克上"的兵变），极好地形容了底层小兵在中晚唐的极度专权（历史上绝无仅有的现象）。

　　举个例子，唐宪宗时，东梁州士兵五千人转移驻地，发生了将领驱逐主帅事件。大臣温造带一队人马去收拾局面。到东梁州后，他先是安抚叛乱军士，随后一天于马球场中设宴。叛乱士兵都很小心，带兵器赴宴。温造在场地中吊了两根长绳，建议叛乱军士吃饭时将兵器挂在绳上。吃着吃着，温造一声令下，叫人猛拽悬挂着兵器的绳索，于是兵器都被绷上天。温造随即叫人反关辕门，带人将五千叛军一并扑杀。虽有些夸张，但同时说明，军队中驱逐或杀害主帅现象从唐朝中期就开始了。

　　当时的情况是，主帅往往看手下将官的脸色行事，而将官则得看手下小兵的脸色行事，军士一有不满就会哗变。这种现象贯穿至后来的五代十国时期。再以徐州兵（番号为"感化军"）

102

为例，那里的士兵和下级军官骄纵异常，到什么程度呢？连年驱逐主帅和节度使。笔记《金华子》记载："每日三百人守衙，皆露刃立于两廊夹幕之下，稍不如意，相顾笑议于饮食之间，一夫号呼，众卒率和。节使多儒，素懦怯，闻乱则后门逃遁而获免焉，如是殆有年矣。"也就是说，在徐州，每天有三百士兵提着刀枪，游走于衙门，一有不如意，一个士兵喊，其他士兵就跟着响应喊号，吓唬作为最高行政长官的节度使。晚唐皇甫枚所著《三水小牍》更是记载了"徐州兵"下级军官陈璠袭杀主帅支祥的暴力行为。到唐昭宗天祐年间，浙西小兵周交带人在军中袭杀大将秦进忠、张胤等十余名高级将领的事件，把这一风气推至高潮。所以后世评价那个时代，往往用一个词——"骄兵悍将"。举第三例，残唐时，有小校叫安道进，性格凶险，常佩剑于身。此日，他拔剑玩赏，对人说："此剑可切铜断玉，谁敢挡吾锋芒？"

这时候，安道进的上级说："这是什么利器？如此妄夸！假如我把脖子伸过去，你就能给砍断？"

安道进说："您真能把脖子伸过来？"

安道进的上级以为安道进在开玩笑，就把脖子伸过去，安道进挥剑而斩，人头落地。四周之人尖叫惊散。

这一切导致多个藩镇成为独立王国。唐德宗一度试图想改变这个局面，但激起了一系列变乱，最后被迫妥协。宪宗皇帝英武，即位后谋求中兴，重用主张铁腕削藩的宰相武元衡和御史中丞裴度，对付跋扈的藩镇，比如淮西节度使吴元济。

当时，山东地区的淄青节度使李师道与淮西节度使吴元济关系密切。在朝廷用兵淮西后，他上表叫朝廷妥协，但被宪宗拒绝。就这样，李师道开始玩狠的：遣人秘密进入朝廷，在中原最大的府库河阴仓，放火将其烧毁，同时破坏了军事要道建陵桥。此外，又派别动队到洛阳，欲发动袭击，虽最终未成，但制造了恐怖气氛。刺杀宰相武元衡则是整个计划的一部分。因为武元衡在藩镇割据的问题上是不妥协的。在这种背景下，终于爆发了元和十年的刺杀案。

此次事件与其说是刺杀了武元衡，不如说是挑衅了朝廷的权威。长安戒严后，刺客留下这样的字条："勿先捕我，我先杀汝！"嚣张如此。

杀武元衡的刺客是隐蔽在树上的。事件爆发后，很多长安的重臣都把庭院里的树砍了，并波及皇宫（**也就是从这时起，一直到清朝，宫廷要地不再种树，这也是明清两代太和殿前光秃秃的原因所在**）。从中唐到晚唐，宰相府邸不种树成为一个惯例。但总有疏忽的时候，比如晚唐宣宗朝宰相白敏中（**白居易族弟**），虽府邸里没大树，但私人别墅里有。一日退朝，白敏中去那里幽居。不成想，庭中大树上还就真的栖息着一名刺客。幸好开门后，所养爱犬"花鹊"闻到有生人气味，连续地吠叫，提醒了白敏中。刺客被迫跳下树来，慑于白敏中的威严，伏地而降。

寂静的长街，溅血的灯笼，飞来的暗箭，奔袭的刺客……现在看来，武元衡被刺街头，像极了武侠小说里的场面。它是如此地奇幻。在唐朝那个闷热的凌晨，这一切又是真的。面对宰相之死，宪宗又如何应对？如果说长安的皇帝在悲痛、愤怒，那么成都的美人就完全是无尽的伤情了。

武元衡身材高大，性情执拗。做宰相前，曾任西川节度使。一次，同事杨嗣夜宴宾朋，招来一群歌伎。这时候，我们可以想象武元衡那清朗落寞的面庞，因为眼前的姑娘丝毫不能给他带来冲动。喝到高处，杨嗣过来劝酒，武元衡不就，前者就笑嘻嘻地把杯中酒浇在武元衡身上，嘿嘿一笑，说："用美酒为君洗澡，如何？"

武元衡并不生气，出去换了件衣服，然后重新落座。

后来，有些人称赞武元衡洒脱极了，有魏晋之风。这话并不准确，或者说忽略了一个重要细节：当时，武元衡之所以在杨嗣往他身上倒酒时没大发雷霆，不是因为性情洒脱，而是因为屏风后暗香浮动，转出一位让他张大嘴巴的丽人。

正像我们猜测的那样，出场的正是唐朝第一美女诗人——薛涛。

我们都知道，薛涛和李冶、鱼玄机并称唐朝三大美女诗人。其中的薛涛，在宪宗元和年间以歌伎身份寓居成都，与诸位男诗人酬唱往来，被认为是圈子里的女神。她一生跟很多著名诗人谈过恋爱。这些恋爱有的是精神上的，有的是肉体上的，而与武元衡的这次，有可能是肉体与精神结合得最充分和完美的一次。

一向冷漠寡情的武元衡，也真的喜欢上了这位芙蓉城里的姐姐。在《听歌》一诗中，武元衡这样写道："月上重楼丝管秋，佳人夜唱古梁州。满堂谁是知音者，不惜千金与莫愁。"在另一首诗里，又作一番情意："芳草落花明月榭，朝云暮雨锦城春。莫愁红艳风前散，自有青蛾镜里人。"后来越写越露骨了："仙歌静转玉箫催，疑是流莺禁苑来。他日相思梦巫峡，莫教云雨晦阳台。"（《赠歌人》）

当然，薛涛更迷恋武元衡。晚年做道士，还念念不忘，寓居浣花溪，发明了一种专门用于抄写短诗的信笺，这就是"薛涛笺"。这种信笺用芙蓉花瓣的粉末研制而成，呈桃红色，清香沁脾。薛涛写诗其上，寄于溪流中，是为追念遭遇横祸的武元衡，而非为了早逝的诗人元稹。到晚唐时，"薛涛笺"已很流行，李商隐在《送崔珏往西川》中写道："浣花笺纸桃花色，好好题词咏玉钩……"

故事还远远没有结束。

武元衡被刺杀时，另一拨刺客已堵住从通化坊府邸出来的裴度。

裴度时任御史中丞，是武元衡的最佳搭档和鼎力支持者。此次也成为刺客的目标。但由于偶然的原因，裴度逃过一劫，"元和十年夏，淄青节度使李师道反，遣刺客伏靖安坊东门，害相国。又疾呼：'再取中丞裴某头！'前一日，淮南来客献公新帽一枚，及出通化坊，群贼至，剑中帽，贼以公丧元，掠地求其坠颇急。骖乘王义以身蔽公，贼再击义，断其臂。公已坠沟矣。贼逸。王义死，公赖以帽顶厚而全。"《酉阳杂俎》中的一段记载，道出其侥幸脱险的原由（亦见唐人笔记《续定命录》）。

与高大的武元衡不同，裴度的个头很矮，长得又其貌不扬，刚入仕途时总被人欺辱。有一次，裴度在曲江饮宴，又受了十多个禁军军官的气，于是派人向好友尚书胡证求救。胡证身材彪悍，不怒自威，得报后，突门而入，诸军官失色。胡证与诸军官拼酒，先是按军官们设定的酒令，一次一杯，几轮过后，面不改色。随后，胡证叫众军官按他的酒令，输一次喝三杯。很快，就把那十几个军官喝倒。众军官知道遇见厉害的主儿了，一起拜倒在地，胡证则大声怒喝："尔等鼠辈，安敢欺负裴度！"

裴度的宅子在通化坊，就在朱雀大街的边上。当裴度骑马刚出东门时，就被刺客堵住。刺客第一剑断裴度的靴带，第二剑刺中后背，第三剑砍到脑袋上，以为裴度已死，所以刺客待其坠马，以取其首级。但此时，裴度的随从王义死死护住主人，刺客再挥剑，砍断王义的手，又将其刺死。裴度已滚到一边的沟里。刺客没有再查看，认为其必死无疑，于是呼啸而去。

他们想错了。

裴度虽头部中剑，但伤口不是很深。为什么？上朝出门前，他梳完头，随手戴上朋友前一天赠送的扬州毡帽。这种帽子比较厚，正是它保护了这位唐朝未来宰相的性命。自此以后，扬州毡帽畅销长安，因为被认为能给人带来好运气。

裴度的侥幸脱险对藩镇来说是个灾难。

武元衡被刺三天后，宪宗即以裴度为新宰相，继续对藩镇用兵。此前，有大臣向皇帝建议罢免裴度的官职，安抚李师道和吴元济。宪宗大怒，道："若罢免裴度，使贼人奸计得逞，朝廷威信何在？我用裴度一人，足以袭破此二贼！"

裴度任宰相后，以削平山东和淮西的藩镇为己任。此时，公开反叛的是淮西。武元衡被刺前一年，淮西节度使吴少诚病死，其子吴元济秘不发丧，欲继承节度使之位。这种情况在当时很常见，结果往往是朝廷妥协，追加一个任命。但宪宗皇帝拒绝了这样的要求。吴元济遂叛。

武元衡被刺后，长安继续对淮西用兵，两年过后仍无法决胜吴元济，朝廷的财政也渐渐吃紧。朝廷中的一些大臣有罢兵的想法。这一日，宪宗在与重臣议政的延英殿召见裴度，专门询问此事。

裴度说："贼臣跋扈四十余年，圣朝姑务含弘，盖虑凋伤一境，不闻归心效顺，乃欲坐据一方，若以旌钺授之，翻恐恣其凶逆。以陛下聪明神武，藩镇皆愿勤王。臣请一诏追兵，可以平荡妖孽！"意思就是，不可罢兵，他裴度要亲自领兵围剿叛军。

唐宪宗问："你真的能为我出征吗？"

裴度流泪拜倒，说："武相国已殉难两年，今山东、淮西两贼仍未平灭，为臣日夜忐忑，今必为陛下出征，誓不与贼共存！"

宪宗动容，当即命裴度为淮西宣慰招讨处置使。

早年时，裴度落魄于洛阳。一日黄昏，路过天津桥。当时淮西已叛多年。在桥上，有俩老人倚柱聊天，一位说："蔡州用兵日久，不知何时才能平叛。"正在这时，他们看到裴度，惊愕而退。裴度奇怪，叫仆从跟在他们后面，听一老人说："刚才还忧虑蔡州之乱不能平息，现在好了，平此乱者当是此人。"仆人回报裴度，后者笑道："拿我开玩笑吧。"但就在转年，裴度考中进士，走上仕途。

元和十二年（817）八月，裴度赴淮西，指挥战斗，军威大振。

当时，朝廷的每支军队都有宦官监军，士兵进退都听监军的，将领做不了主。裴度到后，将所有宦官都轰了回去，把权力下放到将领那里，如此一来，谁人敢不用命？所以此后连战连捷。十月十一，在裴度调度下，大将李愬雪夜袭蔡州，生擒了吴元济。

又过了一年，秋高气爽之日，朝廷开始对盘踞在山东的李师道用兵。

李师道虽善于进行恐怖活动，但本身没什么谋略，真要对阵作战，就含糊了。而且，吴元济被诛后，对他震动不小，在这种情况下，他上表向朝廷谢罪，愿割让三州，并以长子为人质，留于长安。但很快又改变了主意。出现这种变化，跟他身边的两个女婢有关。

按史书上记载，李师道无谋，计策多出于身边的俩丫鬟：蒲大姊、袁七娘。她们得知师道向朝廷服软后，说了这样一番话："自您祖父以来，一直占据着山东十二州，怎能轻易割给朝廷？况且我们有很多军队，可以跟朝廷打一架，若胜不了，再行议和也不晚哦！"

李师道一听，觉得很有道理，就高兴地答应了。

朝廷此时已派武宁、宣武、义成、横海、魏博五镇（这段时间还比较老实）节度使率军合围山东。中唐藩镇，最善战的莫过魏博军（又称"天雄军"，与徐州的"武宁军"同为当时战斗力最强的部队）。与魏博军交锋的是李师道的部将刘悟。一战即溃。当时，李师道坐镇郓州，逼刘悟进军，后者遂反水，回师手刃李师道。时间是元和十四年（819）春二月。

刘悟这一刀，算是对武元衡的一个交代吧。

武元衡的朋友中，有个叫王潜的，任江陵镇守使，其部下许琛，一夕暴死又复活，声称被抓到阴间，在那里偶遇了一个身材高大的紫衣人，后者托许琛给王潜带话，说自己生活困顿，身上快没钱了。

按许琛的描述，他当时来到一个叫"鸦鸣国"的地方。国中有千万株高大的古槐，乌鸦不断地鸣叫，四周幽暗阴森，"内气黯惨，终日昏暗，如人间黄昏已后，兼无城壁屋宇，唯有古槐万万株，树上群鸦鸣噪，咫尺不闻人声"。后进了一座城，在府衙里，发现官员身边坐着一个紫衣人，身材高大，头上包着棉布，好像受了伤。经官员审问，发现抓错了许琛，便放他回人间，临走时，许琛被紫衣人拉住，后者说："你回去看见镇守使王潜，就说我需要用钱，请他一定再给我五万张纸钱……"

王潜听后，潸然泪下，说："那紫衣人定是元和十年被刺的故友武相国啊！"

武元衡被刺后，与其关系不睦的诗人刘禹锡，曾怀着复杂的心情写下著名的《代靖安佳人怨》，其一："宝马鸣珂踏晓尘，鱼文匕首犯车茵。适来行哭里门外，昨夜华堂歌舞人。"其二："秉烛朝天遂不回，路人弹指望高台。墙东便是伤心地，夜夜流萤飞去来。"

有人说，这诗里有那么一点幸灾乐祸。刘禹锡是那样的人吗？

武元衡的情人、皇帝和同事都还不错。他死后，成都的女诗人弄起"薛涛笺"；皇帝没有动摇，继续执行了他的政策；而同事裴度，接连平灭了强藩，为他报了大仇。而裴度自己，也成为一代名相。晚年的时候，裴度退居洛阳，在南郊午桥别墅"筑山穿池，竹木丛萃，有风亭水榭，梯桥架阁，岛屿回环，极都城之胜概"，取名"绿野堂"，与白居易、刘禹锡等人终日宴饮放歌。唐文宗开成四年（839）春，裴度似乎也听到了乌鸦的叫声，那是他的老友武元衡在"鸦鸣国"的召唤吗？没有多久，他便也去世了。

石桥图

——唐人收藏轶事

早在唐朝时，就已经有很多人开始收藏古董了。

最初，收藏只限于皇家。从中唐开始，收藏之风向大臣们那里蔓延。从中唐到晚唐，著名的古董收藏家有：韩愈、张惟素、萧祐、李方古、段文昌、裴度、李德裕等。

著名宰相李德裕在当时算首屈一指的收藏家，按史上记载，他"每好搜掇殊异，朝野归附者，多求宝玩献之"。

李德裕在长安的府邸位于安邑坊东南角。宅子虽然不甚宏大，但景致极为奇巧，庭院内"怪石古松，俨若图画"。一年盛夏，同僚在他家聚会，当时天气闷热，李德裕说不妨事，随便把大家带到一个屋子，屋中四壁上均是前人留下的名贵字画。诸位入座后，顿感清凉无比，问其故，才知屋内还有一件稀世宝物白龙皮，为新罗人所献，将其浸入水中，四周则清凉如秋。

像这样的宝物，在李德裕那里只是九牛一毛。

李德裕在洛阳城外三十里建有唐朝最著名的别墅平泉庄，里面不仅有历代稀贵的古董文物，更有天下奇花异草、珍松怪石。那些文物，放到现在，随便一件都值几千万元。

跟李德裕同时的李章武（官至成都少尹），也是当时很著名的收藏家。

他的镇宅之宝，是三国时诸葛亮使用过的佩剑。这东西要传到现在估计也价值上亿了。此外，他还藏有一种东西：人腊。也就是干尸。当然不是一般人的，否则也没什么意义，而是一种小人的干尸，通长只有三寸多，但眉眼明晰。据说，是僬侥国人。僬侥国，传说中的小人国，《山海经·海外南经》中有记载。

下面要讲的故事，跟一幅稀世名画有关。

这幅画出自盛唐一流的画家张萱之手。作为仕女画双星之一（另一位是周昉），人们谈起他，首先想起的是那幅流传后世的《虢国夫人游春图》（现在看到的，传为宋徽宗摹本）。这幅画名气太大了。

作为杨贵妃的姐姐，也是唐朝最风骚、最决绝的女人，虢国夫人之奢华不输给此前的高阳公主、安乐公主，及至出行，金车宝马，香飘十里，经久不散。当时，杨氏一门俱得富贵，竞相争比，各起豪宅，虢国夫人就广购地产，建了多所别墅。长安宣阳坊奉慈寺，就曾是虢国夫人之宅。后来，安禄山起兵，长安陷落，因虢国夫人之宅最奢华，于是将这里改为新政权的办公场所。

在古人心目中，奢华不是一个带有过多贬义色彩的词语。对一个贵族妇人来说，有条件享受奢华，她是没有理由拒绝的。至于风骚，对虢国夫人本人来说似乎也没什么错。人家是女的，还不允许风骚吗？从对女性的终极审美而言，风骚是必须的。每个女人都应该具有一种健康的风骚。这是一种生活态度，是一种女性的特质。至于虢国夫人的风骚是否健康，不得而知，但我们知道她是个决绝的女人。

说她决绝，是因为她的死。

安史乱起，唐玄宗带着杨贵妃从长安出逃，行至马嵬坡发生军士哗变，宰相杨国忠被诛，杨贵妃自杀。与此同时，在另一个方向，纵马出逃的虢国夫人也被地方武装包围了。虢国夫人先是将两个儿子刺死，后又挥剑自杀，颈部被切了个大口子，但人却没死掉。不是每个人都有勇气用利刃切开自己的咽喉。多日后，虢国夫人死于伤口复发。其死如此暴烈。由此可见，她的性格是复杂的。

虢国夫人纵马出逃。唐朝时，具有鲜卑血统的皇家注重对贵族进行骑射训练。夫人当时就是诸贵族妇女中骑射的佼佼者。在一次盛大的春游曲江的出行中，被随行的宫廷画师张萱绘成《虢国夫人游春图》。

画面中，有个最大的特点，就是人物布局非常讲究：游春人物共乘八匹骏马，前三匹呈"一"字排开，第一匹马和第三匹马上，坐的是作为前导的内官，着男装，但从面相上看，应为女子。这切合了盛唐时女子多着男装的风尚。第二匹马上，是一个模样俊秀的丫鬟。随后的两匹马并行，靠近观众视野即画面中间的，正是虢国夫人。与她并行的，是其姊妹韩国夫人。再往后，三匹马也是并行。中间骑马者，是个抱着小孩儿的保姆，左右乘马者分别是丫鬟和内官。

虢国夫人的装扮和面容，集中体现了唐朝贵族妇女的特点：面庞圆润，体态丰满。不上浓妆，与游春主题贴切。乌发高挽，成流行的坠马髻。着淡绿色窄袖袄，低胸的桃红色拖裙，纯白色绫纱披肩和束腰。微露的锦鞋，亦显华贵。张萱画仕女最善用色，尤其是用朱色晕染耳根，所以笔下的夫人娇羞可爱，顾盼流波，呼之欲出，让人仿佛一下子回到长安郊外的曲江春光里。

《虢国夫人游春图》当然是一幅杰作。后世谈到张萱时也首推其仕女画。但你要以为张萱仅仅是一个仕女画家就错了。张萱虽善画仕女，但在当时最著名的一幅作品，却是不为后世所知的山水画。这幅作品历经坎坷，躲过了安史战火，于大乱初定后的一天，得以重现天日。

《酉阳杂俎》做了独家记载："翊善坊保寿寺，本高力士宅，天宝九载，舍为寺。初，铸钟成，力士设斋庆之，举朝毕至，一击百千，有规其意，连击二十杵。经藏阁规构危巧，二塔火珠受十余斛。河阳从事李涿，性好奇古，与僧智增善，尝俱至此寺，观库中旧物。忽于破瓮中得物如被，幅裂污垫，触而尘起，浇徐视之，乃画也。因以州县图三及缣三十获之，令家人装治，大十余幅。访于常侍柳公权，方知张萱所画《石桥图》也。玄宗赐高，因留寺中，后为鬻画人宗牧言于左军，寻有小使领军卒数十人至宅，宣敕取之，即日进入。先帝好古，见之大悦，命张于云韶院。"

长安翊善坊保寿寺是玄宗时代红人高力士的旧宅。

当时，官宦人家有一个习惯：把宅子施舍为寺。就算是积德吧。天宝九年（750），高力士将自己在翊善坊的一处地产施舍为寺，即后来的保寿寺。据说，保寿寺建造之初，寺钟铸成，高力士在寺内设饭局庆贺，朝中大臣都来了，按潜规则，大臣们不管是谁，只要击一下新钟，就要现场施舍成百上千的铜钱。有大臣撞起钟来没完，过手瘾，反正不管击多少下，都得扔下一堆钱。

安史之乱爆发，长安迅速地沦陷，很多大臣的府邸都遭叛军打劫，唐朝宫廷所藏的珍宝古董，很多都流失了。

又过了几十年，到了宝历年间。宝历是后来被宦官谋杀的唐敬宗的年号。这位少年皇帝有些问题：性情任性而暴躁，喜欢打马球、捉狐狸，夜宴淫乐，即位之初就不听大臣劝告，执意带着女人去骊山泡温泉。他只享有了两年帝国，随后死于非命。

敬宗在位的两年里，帝国倒也没发生什么大事：

白居易到苏州赴任；

在徐州，又有骄纵的军士哗变，但很快被扑杀；

后来"牛李党争"的主角、《玄怪录》的作者牛僧孺担心喜怒无常的皇帝收拾自己，于是请求出任武昌军节度使；

牛后来的对手李德裕则从镇江任上献《丹扆六箴》给皇帝，规劝他别太任性，要有个做皇帝的样子。

总之，宝历年间，人们各有各的活法，本故事的主人公李涿也是这样，他正在收集各种字画。

李涿在河阳郡做文书工作，业余收藏古玩。这一天，因公干来到长安。

他跟保寿寺僧人智增是旧相识，游览该寺时，无意间在仓库的破瓮里发现一卷东西。上面满是尘土。李涿仔细观看，竟是一幅画。他一眼就看出此画不俗，是定有来历的，就拿别的东西跟看守仓库的僧人宗牧做了交换。虽然他对字画有些研究，但却没能识得这幅画。

装裱后，李涿带着画慕名去拜访大臣、书法家、字画鉴赏家柳公权。后者大惊，因为他一眼就看出此画是失踪几十年的张萱的名作《石桥图》："你何以有此画？"

李涿也吃惊不小："是在保寿寺意外得到的。"

柳公权定了下心神："如此说来就对了。张萱作此画时，还未进入宫廷，而是在做信安郡王的幕僚。当时曾随郡王游石桥，绘成此画。开元年间，郡王将其献予玄宗。到天宝年间，玄宗又将其画赐予高力士。而保寿寺，正是高力士的旧宅。"

这幅画在开元年间诞生，到安史之乱失踪，再到宝历年间被发现，首尾不过百年。但由于该画极尽天工之美，所以在当时就已经价值连城。

李涿当然很愉快，但高兴了没多长时间，就有皇家禁军神策军将领找上门：

将领："听说你最近在保寿寺得到了一幅画？"

李涿："你们是……"

将领："把画交出来吧。"

李涿："为啥？"

将领："我们是带着圣旨来的。"

原来，那名叫宗牧的僧人后来觉得不对劲，于是将事情报了官，说被换走的有可能是一幅皇家名画，于是敬宗皇帝派神策军将领来查，发生了上面的一幕。

这是令人愤怒的一幕。但可怜的李涿，除了把心爱的画交出来还有什么办法吗？

敬宗在史书上以任性贪玩著称，有三个爱好：打马球、捉狐狸、看百戏。其实，史书还遗落了他一个非常正经的爱好，就是喜欢字画古董。但你也不要认为他就多高尚。皇家收藏字画的传统始于太宗李世民。李世民酷爱字画，尤喜王羲之举世皆知。在贞观年间，他专门下诏，派人到民间搜罗字画。此后，成为唐朝历代皇帝的传统。

所以，在成为传统后，一旦有人意外收藏了名画，就有可能被皇家"征"了去。在当时，甚至发生过打着皇家或权贵的名号进行欺诈的案例：

东晋画圣顾恺之作有著名的《清夜游西园图》，这幅画一直流传到中唐时代，为大臣张惟素（曾任礼部郎中、工部侍郎、左散骑常侍）收藏。元和年间，宪宗召张惟素进宫书写《道德经》，张给皇帝带去一件礼物，就是这幅价值连城的名画。不成想，这幅名画后来被一个叫崔谭峻的宦官从宫中又偷了出来，低价卖到了民间。

张惟素之子叫张周封，著有《华阳风俗录》，是段成式、李商隐的好友。《酉阳杂俎》中的很多故事线索都是他提供的。

段成式几乎就是唐朝最博学的人了，他有句名言："以君子耻一物而不知。"但是，还有些时候，在遇到无解的异事或不认识的器物时，他都要请教张周封。由此可见此人也着实是很厉害的。

唐文宗开成年间的一天，他闲逛长安东市，有人拿着《清夜游西园图》想卖给他。可以想象张周封当时惊讶的表情。他马上付给那个人几匹绢，把父亲曾收藏的这幅画又买了回来。

过了一年，有人大声敲门，开门后，张周封看到几个人，他们异口同声地说："仇中尉（**权宦左神策军护军中尉仇士良**）愿意用三百匹白绢换你的《清夜游西园图》。"

此时的仇士良，上欺天子，下凌宰相，谁人敢惹？张周封没办法，只好把那画取出来，交了出去。第二天，果然有人如数运来了白绢。故事还没完。后来，有一天，张周封见到仇士良，稍带讽刺地问："中尉可喜欢那幅画？"

仇士良一头雾水。最后一交流，张周封才知道冤枉了他，中了他人的欺诈。

事情的原委是这样的：当时在扬州负责盐铁的官员叫王淮，私下里也是个收藏家。有一天，当地有人求其办事，王推脱不过，便随便说了一句："如果你能把顾恺之的《清夜游西园图》给我弄来，你所说的事便不在话下。"就这样，那人冒充最有权威的仇士良，从张周封那里诈取《清夜游西园图》。当然，这一切在王淮出事后才真相大白。但此时，该画又已辗转至别人之手。

张周封面对的是假神策军，而李涿面对的则是真的。

得到《石桥图》后，敬宗皇帝喜欢得不得了，每日把玩，叫人将其张挂于云韶院（**唐宫设有练习流行歌舞的教坊，称宜春院、云韶院**），定为大唐之宝。在名画家辈出的唐朝，一幅山水画何以受到如此重视？

现在，我们看看这幅画到底画了什么。

画名为"石桥图"，所绘石桥在哪里？

石桥在唐时名胜烂柯山。烂柯山有很多座：河南新安、广东肇庆、四川西昌和达州、福建延平、陕西洛川、江苏吴县、山西沁县都有烂柯山。但有石桥的，唯浙江衢州西安县城南二十里的烂柯山。此山"黛峰翠嶂，景极幽邃"，在道教"三十六洞天，七十二福地"（**唐杜光庭《洞天福地记》**）中属于"青霞洞天（**第八洞天**），烂柯福地（**第三十福地**）"。烂柯山的名字是唐宪宗元和年间才有的，此前一直叫石桥山或石室山。

关于烂柯之名，道教秘籍《云笈七签》中说："烂柯山在衢州信安王质隐处，为天下洞山第三十。"这里有一个典故：南北朝任昉作有志怪《述异记》，里面记载西晋樵夫王质入山伐木，见童子弈棋，因而置斧观棋。当王质拾斧欲归时，斧柄已朽烂。回到家，发现已沧桑变化几十年。有一年，刘禹锡在扬州碰到白居易，席上写下了那首著名的《酬乐天扬州初逢席上见赠》，就曾用过这个典故："巴山楚水凄凉地，二十三年弃置身。怀旧空吟闻笛赋，到乡翻似烂柯人。沉舟侧畔千帆过，病树前头万木春。今日听君歌一曲，暂凭杯酒长精神。"

烂柯山上，有寺叫石桥寺，有观名集仙观，有洞称青霞洞，从寺观踏石阶而上约千尺，达到峰顶，可以看到有长条巨石在云雾间横夸如虹，这就是唐时非常有名的石桥仙境，也就是传说中王质所到之处。诗人孟郊曾专门写有《烂柯山石桥》一诗："樵客返归路，斧柯烂从风，唯余石桥在，犹自凌丹红。"

玄宗开元年间，张萱为信安郡王李祎的幕僚。李祎是吴王李恪之孙。李恪即李世民第三子。李祎少有令名，又长于军事，曾任兵部尚书，西败吐蕃，北攻契丹，战绩非凡，但后因事受牵连，在开元二十二年（734）左迁衢州刺史。就是这期间，他游览了境内名胜烂柯山，张萱亦跟随前往。

张萱本是关中人，初到江南，激赏于明山秀水，而烂柯山不但有王质的传说，也是神话中炎帝的雨师赤松子跟其小女少姜修炼的地方。最重要的是，这眼前的山川确实极为秀异：群山之上，满目葱翠，石桥凌云，花木丛生，灿若云霞，又有飞瀑清流，松盘鸟鸣，令人神飞杳杳。张萱为之陶醉，回去后一气呵成作下《石桥图》。烂柯山景色深幽，一如仙境，该画的模样，也就可以想象了。

李祎非常喜欢这幅画，把它献给了玄宗，玄宗又赐予宠臣高力士。但高力士不识货，得画后随便塞在了一个地方。后来，他的宅子舍为寺院。再后来，安史之乱开始，这幅名画被塞进了破瓮中。

不过还好，在上面的故事里，人们都是识宝的，没有把这稀世作品糟蹋了。

但是，你也得承认，任何时代和任何领域都有菜鸟。比如《酉阳杂俎》中记载的另一个故事：平康坊菩提寺在宰相李林甫宅西，李每年过生日，都请寺僧为之设斋。有一僧人曾为李诵经，被赏了一副名贵的马鞍，后来卖了七万钱；又有一僧，也奔着赏物去了，但李只给了他一个长数寸的朽钉般的物件，僧人大失所望。

僧人把那东西拿到西市去卖，一位来自域外的胡商发现后惊道："这是从哪得到的？我一定得买下，不划价！"

僧人想了半天，说："你就给我一千钱吧？当然，如果你觉得高，我们还可以商量。"

胡商笑："这样吧，我给你五千钱。"

僧人大喜，把那东西交给胡商，后者拿到手后，说："此为佛之宝骨，价值连城。"

那自以为得了便宜的僧人，想必只有愣神儿的份儿了。有人说，李林甫怎么会拿佛祖的舍利随便送人？或者说，他也不识货？

佛祖圆寂后，真身化作五彩舍利，分三种：肉舍利、骨舍利、发舍利，一共有八万四千份，被印度阿育王遣使分赠各地。而玄宗时代，长安作为世界的中心，云集了天下至宝，所以作为皇帝宠臣的宰相李林甫，拥有一段佛祖的舍利也不是稀罕事。

回过头来再说张萱。张萱虽然盛名，但正史上并无传记，唐朝张怀瓘所著《画断》中有零星记载："张萱，京兆人。尝画贵公子鞍马屏帷宫苑子女等，名冠于时。善起草，点簇位置。亭台竹树，花鸟仆使，皆极其态。画《长门怨》，约词虑思，曲尽其旨。即金井梧桐秋叶黄也。粉本画《贵公子夜游图》《宫中七夕乞巧图》《望月图》，皆绡上幽闲多思，意逾于象。其画子女，周昉之难伦也。贵公子鞍马等，妙品上。"

唐人重石桥风景，张萱又是画中大师，所以《石桥图》才如此受时人青睐，一如画中之《兰亭集序》。当然，没有人知道这幅名画最终的结局。四十多年后，黄巢乱起，帝国风雨飘摇，兵荒连接日月，士民死伤无算，长安时代画了最后的句号。在连命都朝不保夕的日子，在拿银子都没地方买干粮的时代，又有谁会留意和想到一幅画的命运？那《石桥图》就带着张萱的梦想和所有热爱它的人的目光，沉进了历史深处……

血色石榴树

一敲响大唐丧钟的甘露之变

这是一个不值得同情的故事。如果你足够肤浅，也会这样认为。

这个故事中，几乎囊括了一切类型电影的关键词：阴谋、惊悚、悬疑、宫廷、格斗、刺杀、皇帝、宦官、宰相、陷阱、逆袭、悲剧、偶然、意外、周密的筹划和猪一样的队友……历史本身无须虚构就比小说精彩。

讲这个故事前，先看一个对话。

开成四年（839）的一天，唐文宗李昂一个人在后宫愣神，"瞠目独语，左右莫敢进问"，随后题诗一首："辇路生春草，上林花满枝。凭高何限意，无复侍臣知。"这位皇帝在观赏牡丹时，又吟《牡丹赋》："俯者如愁，仰者如语，合者如咽。"吟罢才想起这是前宰相舒元舆的作品，"不觉叹息良久，泣下沾臆"。

这一年冬天，文宗欲在延英殿召见宰相，但被宦官拒绝。他辗转至思政殿，问："今日哪位大臣在翰林院值班？"

宦官："中书舍人周墀。"

文宗："那我可以见见他吗？"

这一次被宦官允许了。

周墀来到后，君臣进行了一次历史上著名的对话。

文宗："你说我像以前朝代的哪位皇帝？"

周墀："唐尧虞舜，殷汤夏禹。"

文宗："你说的这些我不敢比。你觉得我比周赧王、汉献帝如何？"

周墀震恐，拜倒在地："赧、献乃亡国之君，如何与陛下比？"

文宗苦笑："我比不上他们。周赧王、汉献帝，受制于强大的诸侯，而我却受制于家奴。"说罢，泪落衣襟。

这个桥段，很多人耳熟能详。

讲文宗皇帝的故事，不可避免地要提到唐朝的分期。

初唐、盛唐、中唐、晚唐，这是人们熟悉的概念，但这只是唐诗视角下的说法，比如认为盛唐结束于代宗大历五年（770），看起来叫人莫名其妙，仔细端详会发现：杜甫死于这一年。所以，这种时间分期不能用于社会角度下的唐朝。

社会视角下的唐朝，以盛、中、晚、残四阶段划分更准确：

从唐朝建立到玄宗时代，盛大开放，气象瑰丽，为盛唐时代。盛唐和中唐的分界线，就是天宝十四年（755）的安史之乱，这当然没有疑问。但中唐和晚唐的分界线在哪儿？历来众说纷纭。有人认为唐宪宗元和中兴结束后，就直接进入晚唐了；有人认为，唐穆宗长庆时代仍属中唐，之后才是晚唐；还有人认为，真正意义上的晚唐，是从完全不可救药的唐懿宗咸通时代开始的。这些都不太准确。真正的分界线是本故事所讲的"甘露之变"（晚唐和残唐的分界线，则以僖宗即位、黄巢暴动为标志）。

唐文宗一共使用了两个年号，前九年用的是"大和"，后四年用的是"开成"。"甘露之变"爆发于大和九年（835）冬十一月二十一。在这一天，皇帝与宰相秘谋，欲在深宫里诛杀专权的宦官，但事变在瞬间被逆袭而失败，结果导致皇帝被幽禁，四名宰相被腰斩，长安城中大肆搜杀，死难士民超过千人，成为唐朝第一痛史，对朝廷的政治格局和大臣的心灵走向起到了巨大的影响。

既然"甘露之变"是宰相、大臣协助皇帝铲除专权宦官的行动。那么就得说说唐朝宦官专政的情况。

这个情况并非从我们熟悉的高力士开始。

高力士谈不上专权，顶多为玄宗所宠信。而且，高力士至死都忠心于玄宗。唐时宦官之恶，是从李辅国开始的。此人抓住一个机会，在安史之乱中拥立唐肃宗，使玄宗被迫成为太上皇。而肃宗又是个非常无能的人。所以，大权尽落在李辅国之手。后来，此人涉嫌谋杀了作为太上皇的玄宗，还在宫廷格斗中处决了肃宗的老婆张皇后，当时正在病中的肃宗因此惊吓而死。

从一开始，专权的唐朝宦官就玩得比较狠。

但肃宗之后即位的代宗对付宦官是很有手腕的：先派刺客刺杀了李辅国，又诱杀了此后专权的鱼朝恩，并且流放了另一名著名宦官程元振。一个皇帝解决了三大宦官，这一记录可谓唐朝之最。但仔细深究的话也好理解，因为这时宦官还没掌握禁军。但随后的德宗时代就不同了。

德宗一度想削平藩镇，但最终失败，其间引发"泾原兵变"：平叛的甘肃泾原士兵路过长安，因不满待遇而哗变，德宗出逃时，身边大臣没几个，倒是一群宦官保护了他。返回长安后，切身经历让他做出一个并非明智的决定：禁军主力神策军的两名司令官即左、右神策军护军中尉，直接由宦官担任。

这是个可怕的开始。

换个说法就是，宦官担任了皇城警备军司令。这就不好办了。从此之后，直到唐末宰相崔胤引军阀朱温大杀宦官前，唐廷一直在阉人可怖的阴影下运作，他们牢牢地控制着皇帝的生死和皇位继承的决定权。

现在可以说到"甘露之变"的主人公文宗皇帝了。

文宗的祖父宪宗、哥哥敬宗，这两任皇帝都直接死于宦官之手。尤其是开创了"元和中兴"局面的宪宗之死，叫文宗久久不能释怀。当时，宫内外都传是宦官王守澄指使小宦官陈弘志毒杀了宪宗。由于这件事涉及文宗的父亲也就是穆宗（*传言穆宗当初为登上皇位而参与了弑杀*），所以最后不了了之。涉案的王守澄仍在宫中担任要职，直接手刃宪宗的陈弘志则在襄阳做监军。

杀了皇帝，却什么事都没有，这叫文宗怎么也想不通。

不但文宗想不通，后人也想不通：这唐朝也太开放了，大明宫的幕布也太黑暗了。

文宗即位后想有所作为，一来二去发展了两个心腹：宰相李训、凤翔节度使郑注。

三个人合谋，开始一步步铲除宦官，尤其是涉嫌弑君的"元和逆党"，这期间提拔了另一名宦官仇士良为左神策军护军中尉，分当时最大的宦官王守澄之权。仇士良此前一直为王守澄压制，所在出任要职后立即向文宗密报：元和十五年（820），宪宗一夜之间暴崩，确是王守澄指使宦官陈弘志所为。至此，这个传言就被证实了。

文宗隐怒骤起，随后依次使计，杖杀了陈弘志，毒杀了王守澄，但此时仇士良又坐大，所以按郑注的计划，叫包括仇士良在内的大小宦官全体出动，给王守澄送葬，在长安郊外将其一网打尽。但是，李训担心此举成功后郑注将获首功，于是在联络了另一名宰相舒元舆，以及左金吾将军韩约、未上任的太原节度使王璠、未上任的邠宁节度使郭行余、代京兆尹罗立言、御史中丞李孝本后，决定在大和九年（835）十一月二十一这一天提前在皇宫内动手，诛灭众宦官（在这里，有一个大疑问：

是杀所有的宦官，还是专权的宦官？假如文宗要处决皇宫里所有的宦官，是最终废除宦官制度，还是说换一批新宦官？在当时来说，前者是不可能也不现实的。但如果是后者，那么仍解决不了已形成的传统的宦官干政问题）。

从官职上说，这个剪除宦官的政变阵容很强大。也就是说，四位宰相中的两人，以及长安市代市长、禁军高级指挥官和部分重臣都参加了。

接下来，看看十一月二十一这一天到底发生了什么？

按李训制订的计划，当日上朝后，左金吾将军韩约向文宗报告，说大明宫左金吾庭院内的石榴树上突现预示吉祥的甘露，报告完毕后李训等人一起向皇帝祝贺，此时韩约悄悄返回已伏有兵士的左金吾庭院。文宗在表示诧异后，派李训前去查看甘露降临是否属实，李训回来后对甘露的真实性提出质疑。接下来，文宗再派宦官左神策军护军中尉仇士良、右神策军护军中尉鱼弘志带一班宦官去查看。当他们进入左金吾庭院后，立即关闭大门，由埋伏在那里的韩约率人将他们一并捕杀……

这个计划还是非常周密的。按部就班，每个环节都涉及了。皇帝、宰相、大臣都开始进入角色，令人紧张而窒息的"戏"开始了：

前面部分进行得很顺利，从文宗到李训再到韩约，三个人

136

在宦官面前演得还不错。

问题出现在后面，最关键时刻有人掉了链子。这个人就是第二次进入角色的左金吾将军韩约。

这名将军在长安大名鼎鼎，因为他是个特别出名的烹饪大师和美食家。

跟后面的宋明王朝相比，唐朝虽然还不是市民社会，但人们已经开始初步懂得如何享受生活了，特征之一就是唐朝贵族和士人嗜吃，按《酉阳杂俎》记载，长安流行的美食有：萧家的馄饨（*汤鲜味美，去其肥汁，可以煮茶*）、庾家的粽子（*莹白如玉，估计是江米做的*）、将军曲良翰烤的驼峰（*烤驼峰是从西域传来的，烤前切成片，加上香辣作料，味道鲜美*），还有就是韩约做的樱桃毕罗。

什么是毕罗？简单地说，就是从西域传入的一种带馅儿的烧饼。

这位左金吾大将军亲手做的毕罗，熟后樱桃颜色不变，被称为"长安一绝"。除善做樱桃毕罗外，按照段成式的记载，他还能制作"冷胡突鲙"（*类似于带有鱼肉片的汤*）、"醴鱼臇"（*甜味鱼胸*）、"连蒸诈草獐皮索饼"（*一种獐肉饼*）。如果在一个夜宴上，韩将军的手艺必定会赢得宾朋的交口称赞。但是，这位厨艺了得的将军，干起正事时却不管用了。

整个计划的开头，是韩约跑进大殿，向文宗皇帝禀报他所在的左金吾庭院的石榴树上天降甘露。演这场戏时，韩约虽然也很紧张，但最后蒙混了过去，没被宦官看出破绽。但当仇士良、鱼弘志两大宦官带人进入左金吾庭院后，直接面对石榴树下的韩约时，这位韩将军的心理在瞬间崩溃了。

在文宗时代之前，宦官已经专权几十年，杀害了玄宗、顺宗、宪宗和敬宗四位皇帝，这些面容古怪阴森的阉人，已经树立起自己强大的权威。所以，当韩约直面仇士良时，由于过度紧张，脑门不断冒汗，一下子引起仇的怀疑。此时正是深冬季节，天是非常冷的，如果不是心里有鬼，何故如此？

就在这时候，风吹幕起，仇士良发现幕布后面竟伏有士兵，于是怪叫一声："不好！"

仇士良是广东人，说一口带粤语味的长安官话。加上身为宦官，嗓音尖利，这一嗓子响彻了整个庭院。所有宦官都惊了，在仇士良的带领下，他们掉头就往回跑。守门的金吾卫士本想关大门，但被仇士良高声怒斥，愣神间，一伙宦官已经逃了出去！

在逃出的路上，仇士良越想越不对劲，回想事情的一幕幕，似乎是个早已设计好的圈套。

但面对突如其来的事态，他一时间也无法确定谁是主谋，更不知道文宗是否参与了阴谋。在这最危急的时刻，这名唐朝巨宦比那韩约冷静多了。虽然此时仇士良不能断定谁参与了阴谋，但他知道一点：要想转危为安，无论皇帝有没有参与政变，他都必须将其控制在手。如果做不到这一点，那么整个事情他就没有翻盘的可能。这个瞬间的决定在后来被证明是他逆袭成功的最关键因素。

在仇士良带领下，宦官们向含元殿狂奔而去。

大明宫一共三重大殿，第一重大殿是含元殿，第二重大殿是宣政殿，第三重大殿是紫宸殿。

按唐人笔记《剧谈录》记载，"含元殿，国初建造，凿龙首岗以为基趾，彤墀釦砌，高五十余尺，左右立栖凤翔鸾二阙，龙尾道出于阙前。倚栏下瞰，前山如在诸掌。殿去五门二里，每元朔朝会，禁军与御仗宿于殿庭，金甲葆戈，杂以绮绣，罗列文武，缨珮序立。蕃夷酋长仰观玉座，若在霄汉。识者以为自姬汉之代迄于亡隋，未有如斯之盛。"

当日早朝，文宗最初是在紫宸殿接见的大臣。被报告石榴树上发现甘露后，文宗就带着谋划事变的宰相李训、舒元舆以及一部分大臣转到了前面的含元殿；还有一些大臣，在另两名宰相王涯、贾餗的率领下，去中书省议事了。中书省也在皇城里，即延英殿（皇帝与重臣议政的主要宫殿）外面一侧的小平房。

现在，仇士良想的是：如果不把皇帝控制在手，那么无论他跑到哪儿都会被逮住。这没有任何悬念。即使他手里掌握有神策军，那么最后他仍是死路一条。正是怀着这个想法，仇士良带着鱼弘志等宦官百米冲刺般跑回含元殿。此时，作为整个事件的主谋，李训以及另一名宰相舒元舆和一些大臣也在含元殿。

在仇士良去左金吾庭院后，李训就开始按计划调动了，他叫太原节度使王璠、邠宁节度使郭行余上前接旨。郭行余胆子还大点，上前领了命令，而王璠跟韩约一样，紧张得迈不动腿，以致迟迟不能接旨。这个政变团队的心理素质是如此糟糕。

仇士良等人狂奔冲入含元殿。

插一条《酉阳杂俎》的记载："韦斌虽生于贵门，而性颇厚质，然其地望素高，冠冕特盛。虽门风稍奢，而斌立朝侃侃，容止尊严，有大臣之体。每会朝，未常与同列笑语。旧制，群臣立于殿庭，既而遇雨雪，亦不移步廊下。忽一旦，密雪骤降，自三事以下，莫不振其簪裾，或更其立位。独斌意色益恭，俄雪甚至膝。朝既罢，斌于雪中拔身而去……"

说的是，出身世家大族的韦斌，每次朝会时都仪表严整，即使天降大雪，仍一动不动地站立在庭院中。韦斌是盛唐玄宗时代的人，也就是说当时朝会大臣们还是站在庭院而非大殿里。中唐以后这种规矩才慢慢变化，在朝会时，大臣们可以进入殿内了。但此时，正式的朝会已经结束，按规矩大臣们还是应该在庭院中等待石榴树上现甘露的消息，但文宗皇帝比较富余同情心，因为正是寒冬时节，所以他破例叫大臣们在殿内等候。

在仇士良等人冲进大殿的时候，李训知道韩约那边把事搞砸了。但此时，仇士良不能确定在场的大臣中谁是主谋，所以他并没搭理李训，而是直接跑上玉阶，拉起龙椅上的文宗就走，并大呼："今日事急矣！请陛下升辇入内！"

在场的大臣们目瞪口呆。

殿外有文宗的玉辇，实际上也就一轿子。仇士良带着宦官把文宗塞进轿子，抬起来直奔后宫，也就是宣政门。这一切都发生在瞬间，殿上的大臣们都不及反应。李训的神经还算强大，站在殿门口高喊："金吾卫士上殿！护驾者，赏百千钱！"

喊过这一嗓子后，仇士良并没有怀疑到李训。但李训第二嗓子让仇士良明白了一切。李训的第二嗓子是："臣奏事未竟，陛下不可入内！"

此时整个大殿上完全乱了，大臣们不知道到底发生了什么。

李训死死抱住文宗的轿子不放，跟仇士良发生贴身肉搏。直到这时候，没参与政变的大臣才知道事情不妙。接下来，绝大多数人的选择不是帮着李训诛杀宦官，也不是帮着宦官逆袭李训，而是为了避免牵连，自顾自地夺门逃跑了。

上朝前，李训为防备万一，在靴子里藏了把匕首。在与仇士良搏斗中，这位老兄猛地拔出匕首，还真把对方吓了一跳。但李训毕竟是个文官，没任何格斗经验，虽然手里握有利器，但连刺了几下都没刺中。聪明的仇士良并不恋战，在一名宦官的帮助下，终于摆脱了李训，跟鱼弘志等人抬着文宗的轿子奔入宣政门，随后把大门紧闭，一起高呼万岁。

仇士良现在太明白了：现在皇帝在手，他胜了！

再说含元殿那边，几十名没能走脱的宦官被冲进来的金吾卫士砍杀。

按李训事先的安排，大明宫正门丹凤门外有一支人马在待命。事变爆发后，这支人马也冲了进来。但这是一支杂牌军，来自太原节度使王璠、邠宁节度使郭行余招募的兵丁。此外，还有代京兆尹罗立言手下的巡逻兵，以及御史中丞李孝本的仆从家丁。

在李训的招呼下，罗立言和李孝本手下一共五百多人杀了进来。王璠的手下则来了一部分，至于郭行余的手下见情势不妙，并未入内就一哄而散了。

由于仇士良已劫持文宗跑了，所以含元殿上的格斗已失去意义。接下来，灾难开始了。

宣政门里，仇士良喘了一口气。他看着文宗。后者不好意思地低下了头。对这位大唐皇帝，仇士良没立即发作，只是用宦官特有的嗓音冷笑了一声。文宗不由得打了个冷战。仇士良的冷笑太复杂了，既有庆幸与蔑视，又有怒怨和不平。因为他认为，当初诛杀王守澄，自己是立了大功的，现在反被谋算。

灾难真的开始了。

仇士良一声令下，神策军打开大门，冲了出来……

李训手里的兵力，除了一部分金吾卫士外，还有上面说的那几百人。此时杀出来的神策军，开始只有仇士良直接指挥的左军，五百人而已。但这神策军是禁军中最精锐的一支，所以一下子局势就逆转了。

随后，鱼弘志指挥的右军也出动了五百人，这一千人把李训那边的杂牌军诛杀殆尽。但这只是一个开始。因为仇士良越想越生气。他随即下令，神策军杀向延英殿旁的中书省，去全歼在那里议事的官员。

这个计划是疯狂的。

当神策军杀来时，中书省的官员们正准备吃午饭。王涯、贾两宰相都没参与政变。当听到神策军扑来且见人就杀时，大家根本来不及琢磨是怎么回事，就纷纷夺门而逃。没能逃走的大臣和中书省工作人员共六百多人全部死难。

接下来，仇士良下令长安全城戒严，捕杀所谓逆党。这个过程中，又有一千多名无辜士民被杀。

事变失败后，李训第一时间从宫中逃出。为迷惑他人，一边纵马飞驰，一边大喊："我有何罪，把我贬到外地为官？"

这样的场面，令人五味杂陈。

出长安后，李训奔终南山，想藏在故友华严宗大师宗密和尚那里。后者想收留他，将其剃度为僧，但终被弟子劝阻。李训只好转奔离长安不远的凤翔，也就是盟友郑注那里。但在路上即为人擒拿。李训知道落在仇士良手里遭凌迟是必然的，所以对押解将士说："你们把我送到长安，功劳必被神策军夺去，不如现在就杀了我，把首级送给他们。"

押解将士满足了李训……

就这样，"甘露之变"以皇帝、宰相、大臣的完败而告终，宦官取得了全面的胜利：

李训，时任宰相，由长安逃往凤翔的途中被捕，被斩首；

舒元舆，时任宰相，逃至安化门，被捕，遭腰斩；

王涯，时任宰相，事先没参与政变，慌乱中跑到永昌坊的一家茶馆，在那里被捕，最后屈打成招，遭腰斩；

贾餗，时任宰相，也没参与政变，慌乱中逃至兴安门，被捕，遭腰斩；

王璠，时任太原节度使，逃至长兴坊府邸，被捕，遭腰斩；

郭行余，时任邠宁节度使，逃至平康坊，被捕，遭腰斩；

罗立言，时任代京兆尹，逃至太平坊，被捕，遭腰斩；

李孝本，时任御史中丞，逃至咸阳外郊，被捕，遭腰斩。

在腰斩以上宰相和大臣时，仇士良叫百官必须到场观看，从心理和精神上彻底摧毁了那个时代的大臣。

在长安，最后一个落网的是那位左金吾将军兼烹饪大师韩约。事败后，他也逃出大内，在长安潜藏了几天，可这天晚上实在太饿了，于是出来觅食，在崇义坊被神策军捕获。被捕后，韩约为自己辩解，说："正是因为我当时故意流汗提醒中尉大人，才使得李训没能得手啊，我是有功的。"

仇士良在场，听后大笑，说："那我就不腰斩将军了。"

韩约大喜，说："来世愿为牛马。"

仇士良说："我直接取你项上人头！"

事变爆发时，郑注曾带数百亲兵前往支援，途中得知李训已败，就只好返回凤翔。仇士良密令在凤翔监军的宦官，叫其捕杀郑注。这个世界有多么奇怪。纵观唐朝乃至整个中国古代史，如果官宦想策动政变，成功率几乎是百分之百，很少有失手的。不谈智商的事，那未必靠得住。关键大约在于：他们虽然失去了阳物，但却有着极其强大的神经，做起事来是那样从容不迫。

在凤翔，对付郑注的宦官是个叫张仲清的无名小辈。

虽然此人一时间不知怎么捕杀郑注，多少有些迷惘，但却没露出任何破绽。最后，在部将帮助下，设计宴邀郑注议事。

此时的郑注已是进退维谷。他当然知道，自己随时都有可能死于非命。但是，他没法跑。是啊，作为凤翔节度使，一个朝廷大员，他就算有潜逃之意，能跑到哪呢？人生中最难受的不是绝望，是无望。绝望还有置于死地而后生这么一说。无望呢？是完全没希望了。

对郑注来说，就是等死了。

郑注带着凤翔节度副使钱可复去赴宴。

真正是宴无好宴。郑注眼神特别差，高度近视。宴席上，当对方抽刀时，他还没看清那人在干什么，就当场被斩了。钱可复亦遇害。郑注死前不知道的是：多年前，段成式的一位朋友，就已经预测到了这一幕。

这位朋友叫石旻，精通藏钩（一种猜物游戏），又善于预言，敬宗宝历年间，他随吏部尚书钱徽及其弟钱可复至湖州，钱氏兄弟想吃兔饼。时为夏季，属下好不容易捉到几只兔子。石旻见后笑道："可将兔皮留下，我记一事。"遂钉皮在地上，用红笔写下道符，自言自语："恨较迟！恨较迟！"钱可复问其意，石旻答："我只是想记载一下兔年将要发生的事而已。"

钱可复与郑注死难这一年，正是兔年。

事变后，仇士良、鱼弘志除给自己加官晋爵外，还取得了参与延英殿议政的资格。在以往，能在这个地方与皇帝议政的只有宰相、重臣。而且，仇士良严密控制了文宗的自由，动不动就举"甘露之变"数落文宗。面对数落，文宗所做的只有低下头老实地听着。从此，专权的宦官"上迫天子，下凌宰相，视朝士如草芥"。

"甘露之变"后，人人自危。事变结束后很长一段时间，大臣及文士都不敢提及此事，但段成式在《酉阳杂俎》中，通过采访，从侧面写到了这段痛史："永宁王相王涯三怪：浙米匠人苏润，本是王家炊人，至荆州方知，因问王家咎徵，言宅南有一井，每夜常沸涌有声，昼窥之，或见铜厮罗，或见银熨斗者，水腐不可饮。又，王相内斋有禅床，柘材丝绳，工极精巧，无故解散，各聚一处，王甚恶之，命焚于灶下。又，长子孟博，晨兴，见堂地上有凝血数滴，踪至大门方绝，孟博遽令铲去，王相初不知也，未数月及难。"

事变中遇难的宰相之一王涯，本没有参与剪除宦官的谋划，最后在酷刑下违心招供。王涯跟韩愈是同期进士，算朝中的老人了。"甘露之变"爆发的这一年，他已七十岁，是退休的年龄了。此前，有人曾劝其隐退，但王涯恋恋风尘，舍不下利禄，最终在退休前一刻死于非命。王涯死后没多久，身在荆州的段成式采访到从长安逃到该地的王家厨师苏润，得知事变爆发前王家出现三件怪事：

一是王家宅南有井，每到夜里便有沸腾之声，白天苏润曾窥视，有时见铜厮罗（洗手用的器具），有时见银熨斗，打其水，水质有腐味而不可饮；二是王涯家中有一禅床，以柘木和丝绳制造，但后来无故地解散；三是其长子王孟博在一天早晨见厅堂地上有凝结的血迹一串，到大门口才消失，叫家人铲去。怪象发生几个月后，王涯被杀。当然，这只是传说。但这种传说，为"甘露之变"蒙上一层永远也无法去除的感伤。

唐朝是中国历史上宦官专权最严重的三个朝代之一，如果说东汉和明朝的宦官还不敢把皇帝怎么样，顶多是干预朝政、对抗大臣，那么在唐朝中期以后宦官的嚣张则到了无以复加的地步，他们杀皇帝如儿戏。唐朝有两个皇帝于正史中被明确记载死于宦官之手：唐宪宗和唐敬宗。另有三个皇帝的死亡真相则被唐人隐秘地记载于笔记中：唐玄宗（死于宦官李辅国之手，《杜阳杂编》有隐晦记载）、唐顺宗（死于宦官俱文珍之手，《续玄怪录》"辛公平上仙"即写其秘事）、唐宣宗（死于宦官王宗实之手，唐末史书《东观奏记》有隐晦记载）。

仇士良虽没亲手杀过皇帝，但在其掌权的八年里，幽禁了一个皇帝，诛杀了四名宰相，刺伤了一名宰相，处决了两名亲王，斩了一名皇妃，矫诏擅立了一个皇帝，最后决定退休了。那是唐武宗会昌四年（844）。虽然他一手把唐武宗扶上皇位，但这武宗皇帝天性英武，重用铁腕宰相李德裕，君臣一唱一和，仇士良控制不住。

离开皇宫前，一帮宦官来送行，询问如何方可保持权势，仇士良说了这样一番话："天子不可令闲暇，暇必观书，见儒臣近则又纳谏，智虑深远，减好玩，省游幸，吾属恩且薄而权轻矣。为诸君计，莫若殖财货，盛鹰马，日以毬猎声色蛊其心，极侈靡，使悦不知息，则必斥经术，闇外事，万机在我，恩泽权力欲焉往哉！"归根结底一句话：不能叫皇帝闲着，当令其沉浸于声色娱乐，只有这样才可以控制在手里。

但退休后没多久，仇士良就暴死了。又过了不久，朝廷宣布在其府邸发现上千件兵器，武宗立即下旨，削去仇士良一切官爵。在这里需要说的是，虽然史书上记载仇是正常死亡，但从这一系列事情看，他极有可能是被武宗派的刺客刺死的（仇出宫后的结局跟肃宗时代的巨宦李辅国太像了，而李就死于代宗所派刺客之手）。如果是这样，倒也死得其所。

关于"甘露之变"，人们在读史时，每至此事无不扼腕。本来计划挺好的，怎么就一下子被仇士良逆袭啦？假如当时韩约不露出破绽，又会是什么样的结局？如果依了郑注的计划，在给王守澄送葬之际于长安城外诛杀宦官，是不是胜率更大？但历史不相信假设，它的结果只有一个：甘露大冒险彻底地失败了！

值得一提的是，事变结束后，很多大臣都拍手称快。因为在他们看来，李训、郑注原本就是小人，发迹最初依靠的就是宦官，最后诛宦官仅仅是投机而已，所以并不值得同情。也就是说，"道德正确"压死了二人。

事情真有这样简单吗？

郑注、李训确实都不是传统标准里的道德完备之人。郑注最初是干吗的呢？走江湖的郎中。虽然出身低贱（这一点被很多大臣看不起），且相貌难看，眼睛还有疾病（"尤不能远视"），但医术却非常高明。此外，性情"诡谲狡险"。他本姓鱼，后私自改成唐朝最显贵的四大姓之一的郑姓（崔、卢、李、郑）。一个偶然的机会，郑注结识了在平淮西藩镇吴元济之乱中雪夜袭蔡州的著名人物李愬。李转任徐州节度使时，把郑注引荐给了当时在徐州监军的宦官王守澄，称郑注是天下奇才，搞得王很感兴趣。当王回宫廷任职时，顺手也把郑注带到了长安。

郑注出身江湖游医，朝中大臣都不爱搭理他。但王守澄非常看重郑注，经常与之通宵达旦地畅谈时事。郑注虽高度近视，但能言善辩。

举个例子：当时，王守澄是右神策军护军中尉，左军中尉叫韦元素，此人讨厌郑注，想谎称有疾，叫郑为他看病，趁机将其捕杀。郑注还真来了，当发现不利于自己时，便口若悬河地跟韦元素聊起来，直到韦不知不觉地拉住郑的手，最后不但没杀郑注，还"以金帛厚遗注而遣之"。但郑注脱险后，即鼓动王守澄贬韦元素出宫做监军，又建议王在路上将韦杀掉。

郑注真正得势源于文宗突患风疾，一度不能说话。王守澄推荐了郑注，后者还真就把病看好了，文宗从此也开始宠信其人，任命他为太仆卿兼御史大夫，又升工部尚书，充翰林侍讲学士，自由地出入宫廷。

就在郑注得势时，又出现一个李训。李训跟郑注比起来还是有背景的，来自著名的陇西李氏，自己也是进士出身。善解《周易》的他，一个偶然的机会，为自己的亲戚去行贿郑注，后者遂将其推荐给王守澄。跟郑注比，李训高大魁梧，风神轩昂，善于演讲，特别能感染人的情绪。王守澄也比较喜欢李训，就把他推荐给文宗。一来二去，李训也当上了皇帝身边的翰林侍讲学士。

很多人说，郑注狡险，善揣人意，反复无常，睚眦必报，那李训也不怎么样，谁得罪了他们，必将其清除出朝廷而后快。当时，"牛李党争"（一方为李德裕，一方为李宗闵和牛僧孺）

已经愈演愈烈，文宗曾发出"去河北藩镇易，去朝廷朋党难"的感叹。这两派互相打击。郑注和李训呢，则全面开火，是既打击牛党，也打击李党，把包括李德裕、李宗闵在内的很多大臣都贬出长安，所以得罪了不少人。

其实，去除朋党和铲除宦官一样，是文宗政治理想的一部分。这也是他重用郑、李的原因。所以，打击牛李二党这件事，不能单纯地认为是郑、李人品不好，或仅仅是出于个人的好恶。很多人在回望那段历史时，把这个关键且本质的细节忽略了。

就这样，文宗皇帝、郑注、李训三人成立了一个反对宦官和朋党的秘密联盟。

郑、李二人虽是王守澄推荐的，但并不妨碍他们最终站在皇权一边。随后，连续成功诛杀了王守澄等人。此时李训已被升为宰相，有一次，跟郑注密谈，说要铲除宦官必内外合力，所以想叫郑到离长安最近的凤翔做节度使，以便直接掌握军队。一向被认为狡诈的郑注，十分爽快地答应了。从这个细节看出来，郑注没有过多地想自己的得失。否则，他完全可以拒绝跑到凤翔去做地方官。

同时，郑注出了条奇计，就是前面说的，趁在长安城外为王守澄下葬之际，他率领亲兵，扑杀包括仇士良在内的大小宦官。但李训此时的欲望更大，不但担心郑注抢去首功，而且亦有意诛杀宦官后再杀郑注，所以带着一群不靠谱的帮手，在皇宫中抢先发难，终被经验丰富的宦官反戈一击。

但在那么多大臣甘于随波逐流甚至见了宦官都哆嗦的时代，一个眼神儿不好的江湖郎中和一个研究《周易》的人站了出来。这是需要绝大的勇气的。因为稍一失手就满门皆灭！

有人说他们是为了钻营，想往上爬。仔细一分析，就会发现这种说法不成立。

对李训、郑注来说，一个事变前就当上宰相了，已经位极人臣了；另一个则是文宗眼前的红人。所以说，如果没有一个政治理想支撑着，他们不可能进行这样的大冒险。清代学者尚宛甫说得非常好："训、注虽谲进，然乱贼人人得诛！举世畏宦官，训、注独舍生诛之，使其谋成，则武、宣、懿三宗必无复废立之事。"

史书上的评价，对李训还稍微好点，对郑注则出奇得低。其实，郑注并非像很多人说的那样是个只知党同伐异的小人。举个例子，当初，文宗以郑注为太仆卿兼御史大夫，郑注担任新职前举荐了仓部员外郎李款接替自己的旧职。

文宗说："郑注啊，这李款以前曾向我弹劾过你。"

郑注答："加臣之罪，虽于理而无辜；在款之诚，乃事君而尽节。"

这话也是响当当的。由此可见人性的复杂，任何一棍子打死的事都是不可取的。最初，郑注只是个飘零江湖的郎中，但无常的命运与个人的奋斗，把他一步步推到时代舞台的中央，并最终让他成为一个悲剧性的人物。

"甘露之变"失败了，主要原因在于李训（首先没执行更**稳妥的郑注的计划，其次用人不当，韩约之类皆不堪大任**）。这是历史的定数，又充满了偶然，乃至于诡异。那是事变爆发前多年，"郑注大和初赴职河中，姬妾百余尽骑香气数里，逆于人鼻。是岁，自京至河中所过路，瓜尽死，一蒂不获"。由于铺天盖地的香气的袭击，自长安至河中的瓜都死了。是不是预示了几年后"甘露之变"的结局？

"甘露之变"对晚唐士人的心灵影响太大了。

事变发生后，退居东都洛阳做"中隐"闲官的白居易一声叹息，他的很多同僚都死于事变，包括当初打击过他的王涯。怀着复杂的心情，诗人写下著名的《九年十一月二十一日感事而作》："祸福茫茫不可期，大都早退似先知。当君白首同归日，是我青山独往时。顾索素琴应不暇，忆牵黄犬定难追。麒麟作脯龙为醢，何似泥中曳尾龟。"

当初，剪除宦官集团的过程中，郑注、李训曾将一个叫田全操的宦官贬到外地，随后通知当地官员，令其将田秘密决杀。

但很快"甘露之变"爆发，田全操得以脱险，随即返回长安，并在路上扬言："我入城，凡儒服者，无贵贱，当尽杀之！"

此日，田全操入金光门，整个长安朝廷一下子就乱了，很多大臣认为宦官又要大肆杀人了。当时，新任宰相李石、郑覃正跟大臣们在血迹未干的中书省议事，听到田全操入城后，转眼间在座大臣跑了一半儿。郑覃也想跑，但被李石制止。李石找到仇士良，道明此事。仇或真或假地安慰了几句，说有他在，姓田的家伙断不敢闹事。

田全操虽然没闹事，但仇士良却没放过李石，因为这位新宰相有点不怕他，多次跟他针锋相对。为此，仇士良派刺客在李石上朝途中进行截杀，李伏在马上一路奔回府邸，在门口又遭刺客第二轮袭击。虽然李石逃过一劫，但把满朝大臣吓坏了，转天早朝时，文武百官来了几个呢？九人而已。李石最终屈服，向文宗辞职，自求到外地做官。就连当初平定藩镇的著名宰相裴度，也萌生就此归隐之意。

"甘露之变"改变了唐朝大臣和士人们的心灵格局与走向。事变前，士人们还有抱负，积极用事，欲恢复盛唐景象；事变后，则完全消沉，基本上都退守自家庭院和内心深处了，从士风到诗风乃至整个社会气象都为之一变。看刘沧《秋日过昭陵》中所写："那堪独立斜阳里，碧落秋光烟树残。"

消沉、伤感、麻醉、追忆、无力感和等待日落的心情，是"甘露之变"后的晚唐时代的一切风格所在。

但就是在人人自危、畏宦如虎的乱局下，文士李玫在其志怪笔记《纂异记》中写下意蕴深远的"喷玉泉幽魂"一篇："会昌元年春，孝廉许生下第东归，次寿安，将宿于甘泉店。甘棠馆西一里已来，逢白衣叟，跃青骢，自西而来，徒从极盛，醺颜怡怡，朗吟云：春草萋萋春水绿，野棠开尽飘香玉。绣岭宫前鹤发人，犹唱开元太平曲……"

说的是，唐武宗会昌元年（841）之春，许生考进士不中，东归家乡，过安阳寿安山，欲投宿于前面的甘泉店。未至店，遇一白衣叟，在随从簇拥下，乘青骢马自西而来。许生催马跟进，问其姓名，白衣叟笑而不答。许生跟在后面，走了二三里，天色已晚，来到当地名胜喷玉泉。（白居易有诗《题喷玉泉》：泉喷声如玉，潭澄色似空。练垂青嶂上，珠泻绿盆中。溜滴三秋雨，寒生六月风。何时此岩下，来作濯缨翁。）这时候，白衣叟回头道："有几位名士，在今晚于此泉下追忆旧事，我昨天被通知参加聚会，你不可再跟着我了。"

许生好奇，执意尾随，到喷玉泉边，下马后，伏于草丛中窥视，见有四位男子现身于泉边园林中，一位神貌昂然，一位短小精干，一位高大少须，一位清瘦机警，四人皆服"金紫"（"金"指"金

156

鱼袋"，"紫"指"紫色官服"。唐规中，朝臣官服分四种颜色：紫色一、二、三品；绯色四、五品；绿色六、七品；青色八、九品。同时，佩带相应的彩帛制作的"鱼袋"。按规定，一、二、三品官佩"金鱼袋"；四、五品佩"银鱼袋"），以此推断，官职都在三品以上。他们坐于喷玉泉的石矶上，等来了白衣叟。

四人齐声说："玉川，为何来迟？"

白衣叟说："时才游赏，歇马馆亭，见有诗题在柱上，吟咏了很长时间，故而来迟。"

一人问："什么诗能如此吸引先生？"

白衣叟说："诗作者的姓名不可知，但诗意与在座的遭遇有些相同。诗是这样的：浮云凄惨日微明，沉痛将军负罪名。白昼叫阍无近戚，缟衣饮气只门生。佳人暗泣填宫泪，厩马连嘶换主声。六合茫茫悲汉土，此身无处哭田横。"

四人闻听，以袍袖掩面欲哭。

白衣叟与四人饮酒，几巡后叹息声未绝。他们各自作诗感怀，似追述难忘的往事。诗成后，大家吟咏，间或长号，声动山谷。不一会儿，接他们的侍从来了。几人相视无言，唯有泪流，攀鞍上马，如烟雾般消失在许生的视野里。

后许生从草丛爬起来，上马寻旧路而去。将近黎明时分，抵达一旅店，女店主问他为什么冒夜而行，许生把自己遇见的都说了出来。女店主说，昨夜三更，有骑马者来我店买酒，难道是他们？说着，她打开钱柜，发现昨晚收下的都是纸钱。

在这个故事中，四人形貌特征切合遇难的李训、王涯、贾餗、舒元舆四宰相："长大少髭髯者"指李训；"消瘦及瞻视疾速者"指王涯；"短小器宇落落者"指贾餗；"少年神貌扬扬者"指舒元舆。

至于那位"玉川先生"即白衣叟，有可能是著名诗人卢仝的鬼魂。卢仝是王涯的朋友。"甘露之变"爆发前一天晚上，卢仝偶然留宿于王涯家，及至二十一日事变爆发，神策军到四名宰相府邸大肆搜捕，卢仝正好被堵在家里，就这样糊里糊涂地被杀。

"甘露滴血"后，虽朝臣畏宦官如虎，但手握重兵的藩镇不吃那一套，昭义军节度使刘从谏就上书朝廷质问：诸宰相为什么被杀？罪名是什么？即使有罪，也应由朝廷处治，宦官有什么权力派兵捕杀？刘从谏还直接列举仇士良的罪责，甚至称：若朝中宦官继续凶顽，他将发兵长安。

诗人李商隐为此写下《重有感》："玉帐牙旗得上游，安危须共主君忧。窦融表已来关右，陶侃军宜次石头。岂有蛟龙愁失水？更无鹰隼与高秋！昼号夜哭兼幽显，早晚星关雪涕收？"在诗中，表达了诗人对事变的痛惜和对刘从谏的支持。

在刘从谏的威胁下，仇士良才渐消气焰。

绿野中的白乐天
——在大隐与小隐之间

唐文宗大和九年（835）冬京城长安"甘露之变"爆发时，白居易正一个人独游洛阳香山寺。

从悲剧性上来说，"甘露之变"是中国古代第一痛史。当时，唐文宗与大臣在朝堂上设计谋诛专权的宦官不成，反被宦官仇士良逆袭，转眼间皇帝被幽禁，四名宰相被杀，长安上千士民死难。

多日后，长安的消息传到洛阳，白居易坐于窗前久久无语，写下那首《九年十一月二十一日感事而作》："祸福茫茫不可期，大都早退似先知。当君白首同归日，是我青山独往时。顾索素琴应不暇，忆牵黄犬定难追。麒麟作脯龙为醢，何似泥中曳尾龟？"

在白居易诞生前的盛唐时代，帝国气象万千，色彩瑰丽，开边的武功和天下一家的自信，直接影响了士人的内心。

在那个时代，士人们积极入世，渴望建立功业，这种豪迈高拔、自信进取之风，浓缩在边塞诗歌中，最典型的例子是岑参的《送李副使赴碛西官军》："脱鞍暂入酒家垆，送君万里西击胡。功名祇向马上取，真是英雄一丈夫！"这就是盛唐之音的全部所在。至于"汉兵大呼一当百，虏骑相看哭且愁"，更是表现了一种前所未有的自信。还有王昌龄的《从军行》："黄沙百战穿金甲，不破楼兰终不还。"

盛唐边塞诗歌，与其说是开辟了文学史上的一个类型，不如说拓展了中国士人心灵的疆域。而且，当时的不得志者，犹不自怜，比如王勃在《滕王阁序》中表现出的状态："老当益壮，宁移白首之心？穷且益坚，不坠青云之志！酌贪泉而觉爽，处涸辙以犹欢。北海虽赊，扶摇可接；东隅已逝，桑榆非晚。孟尝高洁，空怀报国之情；阮籍猖狂，岂效穷途之哭！"又如陈子昂："方谒明天子，清宴奉良筹。再取良城璧，三陟平津侯。不然拂衣去，归从海上鸥！"（《答洛阳主人》）

盛唐士人还有一种先秦游侠之气，这从史家对他们的人生追记中可以看出端倪：诗人王翰，"少豪荡，恃才不羁，喜纵酒，枥多名马……"王之涣则"少有侠气，所从游皆五陵少年，击剑悲歌……"盛唐当然有孟浩然这样的隐逸之士，但更多的是"腹中贮书一万卷，不肯低头在草莽"的进取者。而且他们的功名之心有一种清朗之感，难以使人跟"利禄熏心"联系起来。盛唐士人敢于袒露自己对功名的向往，把它当成自我进取的一种激励，这一点跟战国士人有些相似，而与魏晋士风相反。

支撑盛唐士人这个精神特点的是那个时代的自信，这使他们的功名心具有一种人格魅力。盛唐那一代人虽是文士，但却超越了文士的书窗和樊篱，以另一种狂放不羁打造出有别于前朝的士人精神。他们在盛世繁华中开辟了大漠孤烟之路，并在这种体验中获得新的力量，最终打造了一种恢宏豪迈的盛唐新风。

　　但"新丰绿树起黄埃，数骑渔阳探使回。霓裳一曲千峰上，舞破中原始下来"，安史之乱爆发了。始于唐玄宗天宝十四年即公元755年的这次叛乱，是整个中国封建社会的分水岭。但这个分水岭不是经济上的而是精神上的。从中唐开始，长安朝廷对外解决不了藩镇问题，对内解决不了宦官问题。唐宪宗时代的君臣还一度有振作大唐的想法（"元和中兴"），但"甘露之变"以后，士人中断了忧国忘己、用命朝廷、重振大唐的梦想。

　　在这样一个复杂的时代，一个人的身影代表了唐朝士人最终在心灵上的归宿，他正是开篇在洛阳山野间漫游的那个身影。从文学的角度，盛唐造就了李白，安史之乱成全了杜甫。但从士人文化史的角度看，给后世影响最大的唐朝士人，既不是李白，也不是杜甫，而是白居易。

　　回望中国士人心灵史，孔孟老庄这种类型的不算，生于唐朝前对后世士人影响最大的，当属阮籍、谢安（或者包括陶渊明）。谢安是后代士人的一个理想标杆；阮籍则是各种不得志的士人自我安慰的宗师。那么，唐朝和唐朝之后有没有士人的榜样？两个人：一个是宋朝苏轼，另一个就是我们要说的唐朝白居易。

　　白居易之所以在中国士人心灵史中非常重要，在于他是儒佛道三教合一的士人先驱，更是"中隐"概念的最初阐释者和实践者。

从白居易的心态变化中，我们也看到一个中唐士人曲折的精神足迹以及最终的人生选择：被贬江州前，白居易以积极的热情刚直入世，而江州之后的人生，虽放在整个仕途上看仍是上升的，但在内心却选择了独善其身的人生方式。

如果说谢安是先隐后仕，那么白居易则是先仕后隐，而且选择的又非陶渊明的方式，而是"中隐"的道路。所谓中隐，介于隐在朝市的"大隐"与隐在林泉的"小隐"之间，即吏隐，具体地说，是在朝廷之外做闲官。"中隐"这种调和折中的处世哲学，深深影响了此后中国士人的人生观。

白居易，字乐天，祖籍山西，公元 772 年生于河南新郑，这一年是唐代宗大历七年，阳历 2 月 28 日（奇异的是李白、王维的阳历生日也是这一天）。

白居易生于一个下级士人家庭，对他来说，成长的过程无非也就是读书的过程。因为他也有一个进士梦。白居易聪慧而刻苦，细腻而敏感，喜欢写诗，又有刚直一面，在安史之乱后，跟成长于那个时代的唐朝青年一样，还具有一种家国情怀，希望通过自己的努力，重现大唐盛世。不满二十岁时，白居易去长安漫游过一次，拜见了老诗人顾况，留下那个著名的典故。顾："长安米贵，居大不易。"看完白诗后，又言："有才如此，居又何难！"

唐德宗贞元十六年（800），白居易二十八岁，再入长安参加科举考试，因诗赋才华横溢，所以一考即中。他被授予的第一个官职是秘书省校书郎，也就是皇家图书馆校对订正典籍的职务。按当时仕途惯例，进士在朝廷干过一段时间后要到基层锻炼，白居易随后做了长安附近的盩厔县县尉。

在盩厔的日子，白居易笔耕不辍，写出人生第一首杰作《长恨歌》。

一时间，长安纸贵，从士民到皇帝，都在争看一个三十四岁青年的长诗，为何竟写得如此悲婉哀伤？这一年是唐宪宗元和元年，也就是公元806年。此外，他还写下大量关心政事民生的诗歌，因此被正欲有大作为的宪宗皇帝关注，转年一个调令将他调回朝廷，先后担任翰林学士、左拾遗。翰林学士相当于皇帝的秘书，左拾遗则是朝廷的谏官，只有清正之士才可以担任，由此可见当时白居易的形象。

此时的白居易，积极进取，勇于言事，兢兢业业，刚直不阿，屡陈时弊。当然，他最擅长的还是将诗歌与政治结合起来，以诗言事，甚为犀利，一时朝野都知道有个白居易。在白居易的青年和中年时代的前期，非常推崇杜甫的诗，将其视为自己的偶像。关于杜甫、李白和白居易这三个人，我们能说些什么？

白居易的阶段偶像是杜甫（杜甫一生的偶像则是李白。而李白跟白居易又是一天生日）。在长安，白居易认识了一生中最重要的朋友元稹。但挑毛病还是要继续的，有时让皇上也很没面子。河北藩镇王承宗反，宪宗以他最信任的宦官吐突承璀为主帅，白居易上疏极力反对，认为宦官不应为一军之帅，自古以来没有先例。

宪宗很生气，原话是："白居易小子！是朕拔擢至名位，而无礼于朕，朕实难奈！"

白居易的同僚李绛说："居易所以不避死亡之诛，事无巨细必言者，盖酬陛下特力拔擢耳，非轻言也。陛下欲开谏诤之路，不宜阻居易言。"

宪宗毕竟是中唐英主，回答道："卿言是也。"皇帝可以宽容他，但朝廷上的那些他得罪过的同僚却没那个心胸。

到唐宪宗元和三年，发生了一件影响整个中晚唐的大事件。但当时看起来，这个事件也就是次单纯的官员之争，没人会想到为后来埋下了伏笔，引起了蝴蝶效应。

这年春天，考中进士的牛僧孺、李宗闵通过试卷批评了朝政，那时候的政治与明、清不同，大家都可以对朝政说三道四，皇帝也不会因此砍抨击者的头。主考官杨於陵、韦贯之认为二人有高才，作为复考官的白居易、王涯等人也持同样意见。当时的宰相是出身赵郡高门的李吉甫，他有点坐不住了，毕竟他是当政者，于是入宫向宪宗皇帝哭诉，称牛僧孺、李宗闵私交主考官，宪宗随后把杨於陵、韦贯之、王涯等人贬到外地。

牛僧孺、李宗闵作为新科进士，本来朝廷是要授予官职的，但也因为受到牵连，没能在朝廷做官，而进了地方幕府。这件事在朝中引起人们的议论。事件中，白居易没被贬官，刚直的他向皇帝上疏，认为杨、韦、王不应被贬，退一步说，即使录取牛、李真有什么问题，他白居易本人也应该受到惩罚。

宪宗皇帝重定此事，把宰相李吉甫贬为淮南节度使。这就是后来绵延四十年的"牛李党争"的最初导火线。"牛党"领袖实际上不是牛僧孺，而是李宗闵；"李党"领袖则是李吉甫之子李德裕。正因此事，李德裕颇记仇于白居易，后来其当政，终身不看白诗。

只说白居易。

左拾遗官期满，被任命为京兆府户曹参军，在名臣裴度手下为官，负责首都长安的财政。

就在这个期间，长时间患精神疾病的母亲去世了：在园中逐花落井而死。在古代，王朝标榜以孝治天下，父母死后，子需丁忧，即回乡为父母守孝，通常为三年。不管你当着什么官，哪怕是宰相，遇见这种情况，也得自动辞官。三年期满，才能重返仕途。

白居易在乡守孝三年多，到元和九年底，才期满回朝，被授太子左善赞大夫，隶属东宫太子的一个谏官。于是就到了对诗人来说极为重要的元和十年，这一年是公元 815 年。

这一年夏六月，藩镇李师道派遣刺客入长安，在力主削藩的宰相武元衡凌晨入朝途中将其刺杀，御使中丞裴度被刺伤，一朝宰相横尸街头是自古以来未有的大事件，当时刺客极为嚣张，在长安留下这样的字迹："毋急捕我，我先杀汝！"朝廷的权威受到极大挑衅。事件爆发后，白居易怒发冲冠，第一个站出来向皇帝上疏，要求全力捕捉刺客。

武元衡凌晨被刺，白居易当天午时就呈书于皇帝。难道这有错吗？

在我们现在看来，不但没错，而且忠烈可嘉，但官场的各种规则，白居易忘记了；站在一边的是他得罪过的人，白居易忘记了。白居易上疏后，有大臣立即站出来，不是要求捕捉刺客，而是指责白居易：白担任太子左善赞大夫，是东宫太子属官，而宰相被刺后，上疏言事的应是朝廷谏官，白居易先于朝廷谏官上疏，破坏了朝廷规矩，也就是说越位了。

《旧唐书》："（元和）十年七月，盗杀宰相武元衡，居易首上疏论其冤，急请捕贼，以雪国耻。宰相以宫官非谏职，

168

不当先谏官言事……"

此时的宰相是谁？

除被刺的武元衡外，宰相还有张弘靖、韦贯之。

二人都不是小人，张以"雅厚信直"著称于时，韦"严身律下，以清流品为先"，二相指责白居易，纯粹是站在官员各在其位的角度。但另外一些人就不是了。因为就在这个关节上，有人向白居易砸去了更重的石头，这就是"不孝"的罪名。有人称：白居易之母因看花落井而死，白在守孝时却写下与花、井有关的诗歌……

陷害者既有被白居易抨击过的不法之臣和宦官，也有李吉甫的门生，各种看着白居易不顺眼的人暂时团结在一起，这下宪宗皇帝也骑虎难下了，于是贬白居易为江州刺史。江州是今天的江西九江，在唐时已非常重要，属中上等州，可以看作皇帝的照顾。

但白居易刚出长安，时任中书舍人的王涯（*后升为宰相，死于"甘露之变"*）就上疏皇帝，说白居易不孝，这样的人怎么能做一州刺史？宪宗只好追加了一道命令，再贬白居易为江州司马。

王涯何以落井下石？

王在当时亦有文名，但为人刻薄，在元和三年的科考案中，白居易和王涯同为复考官，李吉甫进言后，王涯等人被贬官，白居易无事，这大约是个线头。但仅仅是猜测。

从长安到江州，千山万水。

白居易一路行来，思绪万千，怎么一下子就到了眼前这一步？

仿佛命运跟他开了个玩笑，而他还没有醒过神儿。他不明白自己错在哪里，即使先于谏官上疏，不合朝廷规矩，也罪不至此吧？后来我们看《唐律疏议》发现：这确实不构成罪名，何况上疏的背景是当朝宰相被刺这样的特殊事件。他更不明白为什么有人落井下石。他是不是得罪的人太多啦？江州之行对他的命运来说意味着什么？他还有机会返回长安吗？

一路行船，白居易陷入巨大的迷惘。

在路途中，他收到挚友元稹的书信，山水间孤立无援的白居易一时间热泪盈眶，随即和唱一首《舟中读元九诗》："把君诗卷灯前读，诗尽灯残天未明。眼痛灭灯犹暗坐，逆风吹浪打船声。"

前面说过，在盩厔做县尉时，白居易就写出了《长恨歌》。现在十年已过，他的大名已天下皆知，所以江州刺史崔能郊迎诗人。在随后三年里，他是非常照顾白居易的，白虽是司马，但实际上是个闲官。江州依长江、靠庐山，优美的山水环境，使远离京城是非之地和官场风暴中心的白居易有了一段闲暇的时光。他常一人独上庐山，那里有著名的东林寺。白居易在庐山建了一个小小的别墅。在幽谷花树间，白居易访僧问道，流连忘返。

在江州，白居易"面上灭除忧喜色，胸中消尽是非心"，但实际上诗人仍意气难平，在《与杨虞卿书》中，他这样写道，"（宰相武元衡被刺后）皆曰：丞郎、给舍、谏官、御史尚未论请，而赞善大夫反忧国之甚也？仆闻此语，退而思之：赞善大夫诚贱冗耳！"看此书，其愤怒之情在千年后仍跃然于纸面，可见其当时内心的苦闷。

转年秋天的一个傍晚，白居易于江边送客，萧瑟秋风抚过，诗人感到一丝人生的寒冷。然后他就看到那传来凄美琵琶声的小船，另一首杰作由此诞生。

还是看看诗人自己写的原话吧：

"元和十年，予左迁九江郡司马。明年秋，送客湓浦口，闻舟中夜弹琵琶者，听其音，铮铮然有京都声。问其人，本长安倡女。尝学琵琶于穆、曹二善才，年长色衰，委身为贾人妇。遂命酒，使快弹数曲。曲罢悯然，自叙少小时欢乐事，今漂沦憔悴，转徙于江湖间。予出官二年，恬然自安，感斯人言，是夕始觉有迁谪意。因为长句，歌以赠之，凡六百一十二言，命曰《琵琶行》。"

在这里，不想去说诗歌本身的艺术价值，而只想靠近诗人那一夜的心境。对他来说，那一夜即一生。而那一夜的心境，又可以用《琵琶行》中的两句说清："同是天涯沦落人，相逢何必曾相识。"在这个夜晚，他这样的士人，与一个流浪的琵琶女，又有什么不同？

诗人另一种人生的大幕，似乎已经在江州悄悄地拉开一角。

后人说江州是个两界山。

贬官前，白居易刚直激切，勇于言事，深得东汉士风；贬官后，趋向于独善其身，"世事从今口不言"，实际上，江州虽拉开了幕布，但大曲线上诗人仍是进取的。对诗人来说，真正的"中隐"转折，是在后面提到的唐穆宗长庆二年主动要求外任杭州这个节点上。

按唐制，三年为贬官期，现三年已到，长安来了消息，任命白居易为蜀地的忠州刺史。

元和十四年春，白居易离开江州，溯江而上，去忠州赴任，舟行长江，正逢挚友元稹自通州司马迁虢州长史，二人竟相遇于夷陵江面，可以想象当时二人之激动，白、元弃舟登岸，阔谈三日而别。白居易继续逆水而上，元稹则顺流而下，这也预示了二人后来的仕途，元稹因得宦官推荐，成为新登基的唐穆宗眼前的红人，最后做了宰相。

白居易在忠州，为官之余，访问山川，写了不少诗，比如《步东坡》《东坡种花》《别东坡花树》。苏轼的经历很像白居易，在其《送程懿叔》诗中也说："我甚似乐天……"他一生仰慕白居易，故取号"苏东坡"。

忠州离京城长安近了些，白居易的心理上又有一个微妙变化。

这在诗中有所体现，《别东坡花树》："何处殷勤重回想？东坡桃李种新成。"这个时候，他大约又振作了一下，对长安和未来又有了一丝轻轻幻想。但就在白居易东坡种花树时，京城长安已是血雨腥风：

元和十五年（820）正月二十七，对白居易又怨又爱的大唐宪宗皇帝李纯暴死。

唐宪宗在位十五年，在位期间最大限度地抑制了藩镇，出现"元和中兴"，但没想到却死于宦官之手。当时，在权宦梁守谦策划下，宦官王守澄和陈弘志进行了弑君。背后可能有太子即后来即位的穆宗李恒的参与，唐朝宫廷阴谋之深远非今天我等所能想象的。

唐穆宗的长庆时代被认为是唐朝士人最后的振作期。

这之后，虽有唐武宗"会昌之治"，但那只是李德裕一人苦撑。再后来唐宣宗明哲，但合朝士风已经没了。意思不一样了。穆宗皇帝是读着白居易的诗长大的，所以做皇帝的当年，就把白居易诏回长安，在司门员外郎一职过渡后，很快任命白居易为礼部主客郎中，知制诰，加朝散大夫，这是个五品官。

按这个安排，皇帝大约有意叫白居易将来做宰相。因为按仕途路线，如果不出意外，白居易随后会被升为中书舍人，然后就是宰相。

唐时规定，朝臣官服分四种颜色：紫色（一、二、三品）、绯色（四、五品）、绿色（六、七品）、青色（八、九品）；同时，佩带相应的"鱼袋"，一、二、三品官佩"金鱼袋"，四、五品佩"银鱼袋"。现在，白居易不但配了银鱼袋，还第一次穿上绯红色的朝服，对白居易来说，虽有江州的悲观，但经过忠州的迂回，此时可以说为之一振了，于是有诗《初著绯，戏赠元九》："晚遇缘才拙，先衰被病牵。那知垂白日，始是著绯年。身外名徒尔，人间事偶然。我朱君紫绶，犹未得差肩。"

这时候，小白居易七岁的元稹，借宦官之手，已是中书舍人，三品官。元白二人情感深厚，但有一个不同：在仕途上，白居易是有底线的，绝对不会阿谀和依靠宦官，而元稹在这一点上做得不好。

就在白居易回朝后，唐穆宗长庆元年春，朝廷再次爆发进士科考案。

如果说元和三年的案子是"牛李党争"的导火线，那么长庆元年的案子就是那一声爆炸。这一次考试由礼部侍郎钱徽主试，李宗闵、杨汝士为副手，最后郑朗等十四人考中进士，其中包括李宗闵的女婿、杨汝士的弟弟。而在此之前，任宰相的段文昌（《酉阳杂俎》作者段成式之父），曾托钱徽照顾一下他的人——杨浑之。但结果杨并没被录取。

段文昌愤愤，后来他被任命为西川节度使，在离开长安前，向唐穆宗上疏，认为考试不公，为何主考官的亲戚都中了进士？此时，李吉甫之子李德裕已入仕为翰林学士，因父亲在元和三年的科考案中被贬，李德裕一直记在心头，以士族门荫入仕的他对进士向无好感，于是跟同为翰林学士的李绅、元稹向皇帝进言，支持段文昌。唐穆宗大怒，下令重考，结果是，上次中进士的十四人中，十一人落榜，钱徽、李宗闵、杨汝士等人被贬。

也就是从此开始，李德裕、李宗闵陷入水火不容的境地，在朝中互相倾轧，一党得势，则尽贬另一党，达四十年之久。

白居易的挚友元稹站在李德裕一边，并推荐白居易为二次主考官，从这个角度来说，李德裕应"原谅"白居易。但事实上却没有。其中一个原因大约就是"牛党"成员杨虞卿是白居易的妻兄。

对白居易来说，这两次科考案中都有他的身影，一如命运刻意的安排，让他又一次没逃过朋党之争，尽管他根本无意于此，且不属于任何一党。后来白居易真的升为中书舍人。但此时"牛李"朋党已陷入混战。不过，即使如此，如果他谨小慎微地走下去，仍有可能最后做上宰相。但事实是，他在中书舍人的位置上干了不到一年就走人了。

走之前，白居易仍上疏皇帝，陈列时政之弊，终不为所用。

长庆二年（822），五十岁的白居易主动要求"外放"做官，出任杭州刺史。《旧唐书》记载："时天子荒纵不法，执政非其人，制御乖方，河朔复乱。居易累上疏论其事，天子不能用，乃求外任。"

这是白居易人生观的真正转折。

杭州三年对白居易来说是闲适的、美好的："江南忆，最忆是杭州。山寺月中寻桂子，郡亭枕上看潮头。何日更重游？"在杭州，白居易用老子无为而治之术。《三年为刺史》："三年为刺史，无政在人口。唯向城郡中，题诗十余首。"这段时间，是他"中隐"理想的一个小小的实践。通过在外为官的"中隐"，在儒家的入世与道家的出世间，他获得了人生的乐趣与安宁。

在这种实践中，他发现了一片精神的新天地。

后来的岁月里，白居易又做过苏州刺史。但在这个任上病倒了，于是向朝廷请病假。当时，诗人刘禹锡罢和州刺史，两人北返时遇于扬州。刘性格开朗乐观，席间赠诗于白居易，就是那首千古名诗《酬乐天扬州初逢席上见赠》："巴山楚水凄凉地，二十三年弃置身。怀旧空吟闻笛赋，到乡翻似烂柯人。沉舟侧畔千帆过，病树前头万木春。今日听君歌一曲，暂凭杯酒长精神。"

后来的白居易，在唐文宗时代做过一段秘书监（皇家图书馆馆长），有诗《秘书后厅》："槐花雨润新秋地，桐叶风翻欲夜天。尽日后厅无一事，白头老监枕书眠。"虽然也是个闲官，但白居易却有离开长安的想法。

正在此时，白居易被任命为刑部侍郎。这个时候"牛李党争"已趋向于白热化，互相攻击。文宗皇帝也没办法，有这样的郁闷之语："去河北藩镇易，去朝廷朋党难！"两党之人像走马灯一样出出进进。白居易本是无党派，但李德裕认为他跟"牛党"的人关系近。在此乱局下，白居易称病退居洛阳。病假期满后，正式向朝廷提出留在洛阳分司东都，朝廷随后给了他一个太子宾客（正三品）的职位。

东都分司官是唐朝政体的一个特点。

当年武则天以洛阳为东都，长期居住办公于此，后来唐天子将朝廷迁回长安，但洛阳仍留下了一套官员班子。从中唐开始，洛阳分司官成为一种现象。很多著名士人都曾分司洛阳，比如韩愈、李绅、李德裕、令狐楚、裴度、刘禹锡、白居易……

在洛阳做分司官的士人中，分两种，一种是受困于党争，被排挤出朝廷，被迫来到洛阳；另一种是经历宦海浮沉，对仕途失望且失趣，主动请求担任分司官，半官半隐。白居易自然是后者。由于洛阳分司官基本上是闲官，所以在洛阳，士人的生活就是游宴山野，诗歌唱和，把酒言欢，形成了唐朝特有的闲情生活圈。这个圈子的心态实际上就是晚唐整个帝国士人的心态。

对白居易来说，退居洛阳后，写下了那首著名的《中隐》：

"大隐住朝市，小隐入丘樊。丘樊太冷落，朝市太嚣喧。不如作中隐，隐在留司官。似出复似处，非忙亦非闲。不劳心与力，又免饥与寒。终岁无公事，随月有俸钱。君若好登临，城南有秋山。君若爱游荡，城东有春园。君若欲一醉，时出赴宾筵。洛中多君子，可以恣欢言。君若欲高卧，但自深掩关。亦无车马客，造次到门前。人生处一世，其道难两全。贱即苦冻馁，贵则多忧患。唯此中隐士，致身吉且安。穷通与丰约，正在四者间。"

除白居易外，当时退居洛阳的还有前宰相裴度以及刘禹锡，以这三个人为核心的洛阳名士圈的主要活动地点，是裴度在洛阳南郊所建的绿野堂别墅。别墅里楼榭亭台，花木扶疏，景色绚美，用史书里的说法，白居易、刘禹锡和裴度等人酣宴终日。

文宗开成二年的三月初三，在洛阳，白居易、裴度、刘禹锡等十五位名士，模仿东晋的兰亭雅会，举行了一个盛大的春宴。"河南尹李待价将禊于洛滨，前一日启留守裴令公（裴度）。公明日召太子少傅白居易，太子宾客萧籍、李仍叔、刘禹锡，中书舍人郑居等十五人合宴于舟中。自晨及暮，前水嬉而后妓乐，左笔砚而右壶觞，望之若仙，观者如堵……"

李德裕也一度在洛阳为官，在洛阳郊外由龙门奔伊川的林木深处，建立了一个比绿野堂更大的庄园，这就是赫赫有名的平泉山庄。山庄周边长超过四十华里，里面奇石异木数不胜数。

白、李二人不睦已久。

在洛阳时，有一日，刘禹锡到李德裕那里，问他最近是否看过白居易的新作。李德裕说："很多人都拿他的诗歌文章给我看，但都被我收起来了。对白居易，我不满意已经很久了。他的诗歌文章精绝，但我再看有什么意义呢？也许看完后会改变我对他的看法，所以还是不看的好。"

尽管如此，作为名士，白、李在大面上还过得去。

李曾多次邀请白居易去平泉山庄做客，白也欣然往之，并写有《醉游平泉》："狂歌箕踞酒樽前，眼不看人面向天。洛客最闲唯有我，一年四季到平泉。"

朝廷后来一度任命白居易为河南尹，这虽然不是分司官，但行政办公地点仍在洛阳，所以白居易也就没拒绝。到大和七年，白居易仍以太子宾客的身份分司洛阳。也就是在这个任期内，长安爆发了"甘露之变"。

四名宰相白首同归，青山独往的白居易一声叹息。

白居易虽已半官半隐，这些年的遭遇，也已使他丧失了对政治的热情，但当四名宰相一并为宦官所杀的消息被证实时，他的愤愤之情仍是难以隐藏的。

和当年藩镇刺杀宰相武元衡于长街一样，"甘露之变"的性质极为恶劣，亘古未有。但同时，不可否认，白居易也有一丝庆幸：事情是显而易见的，如果不是全身远祸于洛阳"中隐"，假如他还留在长安，即使没参与谋诛宦官的密谋，一贯不与宦官合作的底线，也极有可能使他死于这场事变。

王涯又如何？当年落井下石的那个人，一向注意保护个人，虽没参与计划，最后仍没逃脱一劫。

事变发生后，朝廷任命白居易为同州刺史，白以"身力衰"为由拒绝。

此时虽然宦官当权，但他们也不想为难这位名满华夏的大诗人，于是在文宗开成元年，改授白居易为太子少傅，继续分司洛阳，这已经是正二品的官了，同时晋封他为冯翊县侯。这一年，白居易六十四岁。

新上任后，白居易写下《从同州刺史改授太子少傅分司》：

"月俸百千官二品，朝廷雇我作闲人。"于是这里就不能不提到樊素和小蛮，白家的两个美丽歌女。白居易曾为她们写下这样的诗："樱桃樊素口，杨柳小蛮腰。"

后代士人对白居易晚年蓄养歌伎的做法颇为指责，认为白这样的人物怎么能养歌伎并得乐于其中？但他们没有指责过谢安。这是为什么？在这里，不为白居易辩解，只说一句：超越时代和人性的道理不太好找。

此时的白居易，虽闲居洛阳，但就影响力来说，无论是在民间还是在皇宫，都已经全面超过了同时代的其他诗人。无论哪个阶层的人，出口都能背诵白居易的诗。不仅如此，白诗在当时就已流传到日本和朝鲜，两国为之风靡。作为一个诗人，还有什么比这更叫人高兴的呢？

唐武宗会昌二年，也就是公元 842 年，白居易七十岁，以刑部尚书致仕，正式退休了。

白居易退休那一年，挚友刘禹锡已去世。元稹多年前就早逝了。前几年，裴度也去世了。退休后的白居易在精神上是孤独的。

看不上自己的李德裕还在，唐武宗即位后深得信赖，回长安做了宰相，而且一做就是五年多，作为"李党"之魁首，他尽驱"牛党"，成为帝国第一大脑。此时的唐朝，在他的铁腕治理下，内抑宦官，外平回鹘，藩镇也很老实，不敢说回到盛唐时代，但跟宪宗的"元和中兴"有些相似了。

白居易在失落中有些欣慰。那些都是他被贬江州前的梦啊。

朋友们一个个地离开这纷繁险恶的人间，是什么支撑白居易继续走下去？到了唐朝中期以后，士人渐渐有了一个心灵轨迹，那就是："夫教，始于儒，中于道，终于释。"或者说，"外儒而内佛"。

看一下唐人康骈笔下晚年的白居易："白尚书为少傅，分务洛师，情兴高逸，每有云泉胜境，靡不追游。常以诗酒为娱。因著《醉吟先生传》以叙。卢尚书简辞有别墅，近枕伊水，亭榭清峻。方冬，与群从子侄同游，倚栏眺玩嵩洛。俄而霰雪微下，情兴益高，因话廉察金陵，常记江南烟水，每见居人以叶舟浮泛，就食菰米鲈鱼。近来思之，如在心目。良久，忽见二人衣蓑笠，循岸而来，牵引水乡篷艇，船头覆青幕，中有白衣人，与衲僧偶坐。船后有小灶，安桐甑而炊，卯角仆烹鱼煮茗。溯流过于槛前，闻舟中吟啸方甚。卢抚掌惊叹，莫知谁氏。使人从而问之，乃曰：'白傅与僧佛光，同自建春门往香山精舍。'其后每遇亲友，无不话之，以为高逸之情，莫能及矣。"（《剧谈录》）

说的是，工部尚书卢简辞，在洛阳伊水边有别墅，此年冬天落雪之际，与家人登亭远眺，忽见清寒的水上，有小舟一艘，上有一人着白衣，与高僧闲坐，神姿高逸，或烹鱼煮茗，或吟诗长啸，舟过卢家别墅时，简辞叫人打听是谁，回禀道："是白居易先生正往香山寺去。"

卢简辞追羡良久，以后逢人就说所见的这一幕。这是现场目击者眼里晚年白居易的最真实写照。

"栖心释梵，浪迹老庄。"晚年的白居易，经常一人流连在洛阳的群山中，独自打坐在碧岩之上。

早年时，白居易身具儒家积极用事的情怀，江州之后的中年岁月，被老庄知足与逍遥的处世哲学打动，上至精神所求，下至具体生活，走的也是道家的路子，及至晚年退居洛阳，又寄精神于佛教禅宗。他经常到洛阳外龙门山上的寺院向高僧如满问禅，姚合有诗《寄东都分司白宾客》："阙下高眠过十旬，南宫印绶乞离身。诗中得意应千首，海内嫌官只一人。宾客分司真是隐，山泉绕宅岂辞贫。竹斋晚起多无事，唯到龙门寺里频。"

会昌五年，白居易与八位老士人结社于香山寺，被称为"香山九老"。

对佛教，有人是坚决抵制的，比如韩愈。作为一个纯正的儒士，他反佛而无果，才有登华山痛哭之事。与"斗士"韩愈相比，白居易中年以后的人生定位是生活优游、心灵富足的凡客。在他的时代，经六祖慧能和其身后一代代大师的努力，禅宗已开始悄悄浸染士大夫的内心了。

作为一个佛教的接受者，白居易喜佛而不妄佛，只是把佛禅（包括老庄之道）作为自己儒家心灵的补充，在这个过程中去获得庄禅悠然自得的人生之乐，终成中国士人中儒释道三家合一的先驱，开辟了两宋士大夫的心灵之路。

从某种意义上来说，中国士人的心灵步伐止于白居易，因为白之后的历代士人在文化和精神上没拿出更新的东西。至于被我们认为的士之完人苏轼，在心灵轨迹上所追寻的也正是白居易之路。

相对于白居易，苏轼在私人生活上可能更严谨一点（但从这个角度指责白居易有什么意义呢），也更乐观一些，用一个字说就是"达"。但他的这种"达"除了同样受禅宗影响外，更多的是来自于性格本身。白居易则不同，他的后期的选择来于自己建立的一套完整的士人哲学。从这个角度说，白居易思想价值的意义要高于苏轼。苏轼只是白居易精神的继承者和拓展者，而非新的士人精神的开创者。

就这样，到了诗人的最后时光：唐武宗会昌六年，公元846年。这一年，七十五岁的白居易病逝于洛阳。

朝廷赠尚书右仆射。

诗人一去，唐朝诗坛空了半边。

白居易作何想法？还好，为他写墓志铭的人叫李商隐。

古代诗歌的审美向度，到中晚唐时已无所不具并抵达顶峰，五言如"欲持一瓢酒，远慰风雨夕"，再如"槲叶落山路，枳花明驿墙""晚来天欲雪，能饮一杯无"。七言如"宝马鸣珂踏晓尘，鱼文匕首犯车茵"，又如"当君白首同归日，是我青山独往时"。

那么多人在写诗，更有那么多人喜欢着白居易的作品。

在唐时的荆州，有市民叫葛清，他把白居易的诗通过刺青的方式刺在自己身上，自脖子以下共刺了三十多首，同时还配有插图，最终导致"体无完肤"这个成语的出现。当时，志怪作家和博物学家段成式居荆州，与朋友夜宴，曾亲自找来此人，现场观看了他身上那些诗画刺青，感慨万千，称之为"白舍人行诗图"。

从青年时代起，白居易就不断编自己的诗集，随着岁月的流逝，一次次更新增订，最终得诗三千多首，冠盖整个大唐。白诗不但流行大唐，还远至海外，尤其是日本人，最喜欢白诗。日本宫廷得其一首，视为至宝。在没有现代通信工具的古代，通过口口相传，仍能"名播海内外"，可见优秀到什么地步。白居易就是这样的人。在海外，他的名气比李白、杜甫大多了。

这是作为诗人的白居易，也是按自己的意愿和方式度过了后半生的士人白乐天。

宋人叶梦得在谈到白居易时说："不汲汲于进，而志在于退，是以能安于去就爱憎之际，每裕然有余也。"叶梦得说对一半。从一个角度上当然可以说他在"退"，但从另一个角度上看，他又是那个时代最坚定的人。他坚定地去实践自己的人生哲学，而且一直保持着自己的底线。

在那个党争纷纷的年代，在两次科考案中，白居易虽然都在场，也曾被李德裕排挤，但最终他仍是独立于两党之间，哪怕他是牛党主力杨虞卿的妹夫，哪怕他常与牛僧孺唱和，哪怕他最亲密的朋友元稹站在了李党一边，当两党的成员为了扳倒对方而纷纷亲近宦官时，唯有白居易坚持自己的气节。《新唐书》对他的最终评价是"完节自高"，是非常准确的。

"绿蚁新醅酒，红泥小火炉。晚来天欲雪，能饮一杯无？"这是白居易的《问刘十九》，一首小令。也许就在这短短的行间，包含了他一生的梦想、痛苦、欢愉和叹息。唐宣宗在即位之初，想重整国家，有意起用闲居洛阳的白居易为宰相。但诏书还没发出去，白居易去世的消息就传来了。宣宗为此伤感不已，提笔写下《吊白居易》："缀玉联珠六十年，谁教冥路作诗仙？浮云不系名居易，造化无为字乐天。童子解吟长恨曲，胡儿能唱琵琶篇。文章已满行人耳，一度思卿一怆然！"

独上高楼

一 『牛李党争』始末

在中国历史上，朝廷上的党争是经常出现的。其中，绵延时间最长也最为知名的是中晚唐时的"牛李党争"。

牛党领袖是大臣李宗闵，而非后人通常所说的《玄怪录》作者、宰相牛僧孺。李党领袖是李德裕。以前的说法是，牛党代表了新兴的通过科举考试进入仕途的庶族阶层，李党代表了自东汉以来一直掌握大权的世家贵族（**李德裕来自唐朝七大高门之一的赵郡李氏**）。我告诉你，这完全是胡说。因为牛党那边同样有很多具有世族高门背景的人，甚至在数量上不比李党这边少。至于有人认为"李德裕无党"，也是不靠谱的。

"牛李党争"起源于宪宗元和三年（808）的一次科举考试。

在那次考试中，作为应考者的牛僧孺和李宗闵大论朝政，并对当朝的执政者提出批评。这时的宰相是李吉甫，也就是李德裕的父亲。这事搞得李吉甫很不舒服。更不舒服的是，主考官杨於陵等人认为牛僧孺、李宗闵的文章写得很好。

于是，李吉甫哭诉于宪宗面前，并指责主考官徇私舞弊。宪宗立马将杨於陵等人贬官，作为新科进士的牛僧孺、李宗闵等人也没被朝廷录用，而到外地做了地方幕僚。后来，有人认为李吉甫做得有点过了，便反诉于宪宗面前，于是没多久，李吉甫也被打发到南方为官了。

一切都还没有结束，这仅仅是个开始。

十三年后，唐穆宗长庆元年（821），又发生了一次科考案。

这一次，点燃导火索的是《酉阳杂俎》的作者段成式的父亲段文昌。段文昌为朝廷重臣，平素喜欢古董字画，与其友善的某杨，就送给段不少字画，为的是自己能金榜题名。当然，段文昌跟某杨平时也是有交情的。段文昌随后找到主考官礼部侍郎钱徽，递过去一个条子，叫他关照一下某杨。这时递条子的还有刚刚写出"锄禾日当午"的大臣李绅。

没想到，钱徽没买段文昌和李绅的账，最后录取了跟自己私交不错的大臣李宗闵的女婿、杨汝士的弟弟等人。而李、杨是这次考试的副考官。

名单下来后，段文昌暴怒不已。

此时，他正要去蜀地做剑南西川节度使。走之前，联合李绅、元稹（皇帝喜欢的诗人兼翰林学士，与李宗闵有过节），以及刚刚步入仕途的李德裕（翰林学士），在皇帝那里告了一状。穆宗也很生气，下诏叫白居易等人复试新科进士。经重新考试，李宗闵的女婿等人全部被刷下。

段文昌带着儿子段成式心满意足地去四川上任了，但朝廷上从此留下了一个烂摊子。

段文昌队伍中的青年李德裕，很快变成这一派的领袖。念念不忘元和三年事件的李德裕，甫一出手，就显示出打击政敌时的冷酷无情。事件发生后，李宗闵被贬到外地为官，从此"德裕、宗闵各分朋党，更相倾轧，垂四十年"。牛党得势时，尽驱李党到外地；李党得势时，又会把牛党成员全部扫出朝廷。

到唐文宗大和年间，两党争斗进入白热化阶段。

除白居易（牛党骨干的亲戚，被李德裕视为牛党外围人物，而终生不喜欢白居易）等少数几人外，中晚唐的几乎所有重臣和诗人都卷入了"牛李党争"。

前面说过，虽叫"牛李党争"，但实际上牛党的头号领袖不是牛僧孺，而是李宗闵，所以叫"二李党争"更为适合。关于"二李"的关系，唐人笔记《幽闲鼓吹》曾有一段记载，大意是：

李德裕在扬州为官，李宗闵在湖州为官，两人针锋相对。李宗闵被调往东都洛阳出任新官，李德裕感到不安，修书向李宗闵示好。但后者不接受，在去洛阳的路上，特意绕过必经之地扬州，而不跟李德裕见面。但没多久，李德裕任命为宰相，过洛阳，李宗闵同样感到不安，给李德裕写信，表示想见一面。李德裕的回答是这样的："我们之间，倒也没什么太大的怨恨。不过呢，见面同样也没更充足的理由。"

按另一种传说，李德裕和李宗闵之所以水火不容，跟李宗闵忌惮李德裕的铁腕与能力有关。李宗闵做宰相时，李德裕正担任兵部尚书。有一天，京兆尹杜悰去拜访李宗闵，看到李宗闵愁眉不展。

杜悰："想啥呢？这么专心！"

李宗闵："你猜。"

杜悰："又在想李德裕了吧？"

李宗闵："我和他的关系越来越不融洽了，实际上就从没有融洽过。"

杜悰："我有个主意，但你肯定不会采用。那就是，推荐他做御史大夫。"

御史大夫被唐人看重，相当于副宰相。

李宗闵思忖良久，最后答应了。于是，杜悰跑到李德裕那里，把李宗闵打算推荐他做御史大夫的事讲明，李德裕喜不自禁。但后来，牛党要员杨虞卿知道了这件事，断然否决了这个提议。李德裕得知后大怒，从此"二李"老死不相往来。

李德裕跟牛僧孺的关系同样形同水火。

当时，出现了一篇《周秦行纪》的志怪小说，以牛僧孺第一人称自述的口吻，讲述其在德宗贞元年间进士落榜后返回故里途中夜入汉文帝母薄太后庙的离奇遭遇："余贞元中，举进士落第，归宛叶间。至伊阙南道鸣皋山下，将宿大安民舍。会暮，失道不至。更十余里，行一道甚易，夜月始出，忽闻有异气如贵香，因趋进行，不知厌远。见火明，意庄家，更前驱，至一宅，门庭若富家……"

在庙里，作为死鬼的薄太后又叫来了一批死鬼作陪，其中包括戚夫人（"狭腰长面，多发不妆，衣青衣"）、王昭君（"柔肌稳身，貌舒态逸，光彩射远近，多服花绣"）、杨贵妃（"纤腰修眸，仪容甚丽，衣黄衣，冠玉冠"）、绿珠（"短发丽服，貌甚美，而且多媚"）等人，甚至还有当朝皇帝的美妃。

宴饮中，薄太后问："今天子是谁？"

牛僧孺答："今皇帝为先帝长子（德宗）。"

杨贵妃大笑："沈婆儿做天子也？大奇！"（德宗的母亲是沈后，即传说中的江南女子沈珍珠，安史之乱中失踪）

酒酣之后，薄太后问："牛秀才远道而来，今晚谁人陪寝？"

戚夫人率先起身，说："家里孩子还小，我可不行。"

绿珠也婉拒。

薄太后看了看杨贵妃，表示贵妃为先帝妃子，陪睡也不合适。最后，盯住王昭君，说："昭君始嫁呼韩单于，复为株累弟单于妇，固自用，且苦寒地胡鬼何能为？"大意是，你王昭君远嫁塞北匈奴，又嫁给两任单于，身份相对寒微，就没推托的理由了。

王昭君羞愧不已。

就这样，王昭君陪牛僧孺睡了一宿。

据说，这篇志怪是李德裕的一位叫韦瓘的门生写的，用以打击政敌牛僧孺。

有人曾拿着这篇志怪告牛僧孺的状，文宗皇帝看后大笑，说："牛僧孺安敢称先皇后为沈婆？此定是他人冒名所作，嫁祸于人。"

文宗皇帝还是很明白的。

不管这篇志怪是不是出于李德裕的门生，或者说是不是李德裕授意而作，都说明当时牛李两党争斗之激烈。除朋党难，原因之一是：满朝重臣，不是牛党就是李党；其二是，两党背后都有专权宦官的支持。

虽然李德裕的形象更为正面（较之于牛党成员，在反对藩镇割据、强硬对待回鹘以及反控宦官方面更有力），但实际上他跟宦官也保持着密切的来往。当时，有宦官到地方监军的惯例。李德裕跟这些监军宦官保持着良好的关系，因为那些宦官期满回京后，即可直接向皇帝推荐李德裕。唐武宗时，李德裕被召回长安做宰相，基本上用的就是这个手段。

武宗时代，李德裕备受恩宠，做了六年宰相，把牛党成员全部扫出朝廷，李宗闵最后死在湖南贬所，牛僧孺也被赶到遥远的地方。

李德裕为相的岁月，施政风格刚健有力，满朝清明肃然。但同时，由于出身世家高门，他的贵族作派又非常突出，以奢华为例，按《独异志》记载："武宗朝宰相李德裕奢侈极，每食一杯羹，费钱约三万，杂宝贝、珠玉、雄黄、朱砂煎汁为之，至三煎，即弃其滓于沟中。"也就是说，李德裕每喝一杯羹，价值三万钱，而且羹汤是用当时稀有的珠玉、雄黄、朱砂等煎熬，熬到第三次后，这些珍贵的药材就扔到地沟里。可以设想，连李德裕家的地沟也充满了宝物。

李德裕又好收藏古董，最喜怪石奇木，"每好搜掇殊异，朝野归附者，多求宝玩献之"。他在洛阳郊野修建的别墅平泉庄"……去洛城三十里，卉木台榭，若造仙府。有虚槛，前引泉水，萦回穿凿，像巴峡、洞庭、十二峰、九派迄于海门江山景物之状。竹间行径有平石，以手摩之，皆隐隐见云霞、龙凤、草树之形。有巨鱼胁骨一条，长二丈五尺，其上刻云：'会昌六年海州送到。'……"

但是，武宗一死，李德裕的境遇马上发生了翻天覆地的变化。

唐宣宗以皇太叔的身份即位，由于深深厌恶前任武宗皇帝（宣宗为亲王时，韬光养晦，装傻充愣。作为侄子的武宗，每每侮辱他。又传，曾一度意图谋害他），所以把这种厌恶也转到李德裕身上。这只是原因之一。另外一个原因是，事必躬亲的宣宗无法容忍这样一个强势的宰相每天在自己眼前晃悠，代他处理政事。

李德裕太孤傲严肃了，太不怒自威了，这叫宣宗深深地忌惮。每次上朝，看到李德裕，宣宗往往"寒毛倒竖"。这样的君臣关系算是没法处了。宣宗即位没多久，李德裕就被打发到东都洛阳，虽然丢了宰相之位，却还不算被贬官。尽管如此，李德裕心里还是不踏实。他曾向一善于预测的僧人问吉凶之事，僧人指出李近期将有灾难，会被贬到更遥远的南方，且南行之期月内即见分晓。

李德裕郁闷，努力说服自己不要相信。

"不相信？那这样，我们做个试验。"僧人说着，一指地下，"此地下埋有一石盒。"

李德裕立即叫人挖掘，果得一石盒。李德裕大惊，问："贬至南方既然不可免，那么我想问一句：还有回还的可能吗？"

僧人道："还有这个机会。"

僧人又道："您这一生，应吃一万头羊。到现在为止，您已吃了九千五百头。也就是说，以后还有吃五百头羊的日子，官位未绝。"

李德裕长叹一声："法师真乃神人！宪宗皇帝元和十三年，

我在北都太原为张弘靖宰相的部下，曾梦见自己行于晋山，那里是一眼望不到头的羊群，有牧羊人告诉我，这满山之羊是我平生所吃之羊。这个奇异的梦被我隐藏数十年，一直未向他人说过，而现在看来，正中禅师之言！"

尽管很悲伤，但李德裕还是抱有一丝侥幸，因为如那僧人之言，自己还有吃五百头羊的机会，即使每天都吃羊肉，吃完这五百头羊，也需要十年。也就是说，自己还能显贵十年。联系到自己现在的岁数，十年足矣！

但计划赶不上变化。

没过几天，振武节度使米暨派人来到洛阳，为表达对李德裕的尊敬，专门一次性地送来五百头羊作为礼物。

李德裕望着庭院里的群羊，一时说不出话来。

李德裕将此事告诉那僧人，僧人摇头叹息："一万头羊已够数了，看来您被贬之后，不能回还了。"

李德裕说："我不吃这些羊还不行吗？"

僧人说："羊已到了您眼前，吃不吃的都已属于您了。"

李德裕神色戚然，陷入长久的沉默。在他为宰相的时代，对内抑制住中唐以来嚣张的宦官势力，对外采取强硬手段削平藩镇，并成功打击、威慑了回纥、吐蕃以及南诏。他特别勤政，每日出入宫闱，与武宗商讨军国大事，名诗《长安秋夜》即是这种生活的写照："内官传诏问戎机，载笔金銮夜始归。万户千门皆寂寂，月中清露点朝衣。"但现在皇帝换成了宣宗，他失宠了。

收到那令人压抑、恐怖的五百头羊后，没几天，李德裕就接到朝廷命令：被贬荆南。随后，又被贬为潮州司马。还没到潮州，又贬为崖州司户。崖州，现在的海南海口市琼山区灵山镇多吕村。可以想象唐朝时那里有多荒蛮。

南方路迢迢。

在赴贬所的路上，过一条险恶的河流时，李德裕身上携带的白龙皮、暖金带、辟尘簪等无价之宝不慎落入了水中。他长叹一声，所谓富贵，也许真的被上天收回了。他并不伤痛失去宝物本身，而只是慨叹无常的命运。

"牛李党争"的半个世纪里，两派人物被贬到外地是常事。尽管有僧人的断言，但李德裕此前还是相信自己有一天能重返长安，就是返回洛阳也行啊。但现在，跟随自己多年的宝物失去了，是不是预示着自己永远失去了北归的机会？

远贬崖州后，李德裕写有无限伤感的《登崖州城》："独上高楼望帝京，鸟飞犹是半年程。青山似欲留人住，百匝千遭绕郡城。"他再也没有机会北返中原了。大唐帝国的最后一位铁腕宰相孤独地死在了海的那边，中国自东汉中期开始的门阀士族时代至此也落下了大幕。那是唐宣宗大中四年（850）。

秋当与卿相见

——一个叫『光叔』的皇帝

晚唐宣宗皇帝李忱，在位十三年，后代史官将其比喻为"小太宗"。通常的说法是，他即位后，结束了长达四十年的"牛李党争"；在对吐蕃的战争中，也取得了难得的胜利。这一时期朝廷清明，各地藩镇也不敢妄动。而且，他有效地抑制了宦官干政的传统。总地看上去，也确实如此。

但有一点被遮蔽了。

正史记载，宣宗因服用道家丹药而去世。但实际上，这位登基后就以彻底追查害死父皇宪宗的宦官集团为己任的大唐天子，同样死于宦官之手。而且，宦官在害死宣宗后，向朝臣称皇帝"食用金丹"而崩。元和十五年，杀死宪宗的宦官，也用了同样的口径。宣宗这一悲剧性结果，从某种程度上说大过了文宗时代的"甘露之变"。

这一切又从何说起呢？

会昌六年即公元 846 年，唐武宗死，其叔李忱即位，是为唐宣宗，改年号为"大中"。

关于宣宗的时代，在张艺谋的电影《十面埋伏》的开头有所提及："唐大中十三年，皇帝昏庸，朝廷腐败，民间涌现不少反官府的组织，其中以飞刀门的势力最大……"这样的描述自然可以一笑了之。因为宣宗是唐朝历史上最后一位有所作为的贤明君主。虽有固执之处，但整体上非常不错了，皇帝本人不但勤政，而且甚为节俭，体恤民情，最爱微服私访，往往日暮时才回皇宫。对此，晚唐五代尉迟偓所著《中朝故事》多有记载。

当时，大臣劝谏："陛下啊，您不适宜频频外出！"

宣宗回答："吾要采访民间风俗事。"

唐宣宗有此作为，与其曲折的人生经历是分不开的：他是宪宗皇帝的儿子，是穆宗皇帝的弟弟，敬宗、文宗和武宗皇帝的叔叔。也就是说，宣宗即位前，他的哥哥和三个侄子相继是大唐皇帝。

宣宗的一生可以说是唐朝诸帝中最奇特的。

穆宗为帝时，封李忱为光王。小时候，他看上去痴痴的，智力有些问题。及至长大，显示出贤良品性。穆宗病危时，曾欲传帝位给李忱，但在当时变幻莫测的形势下，终于未成。大约从这一刻起，他就开始如履薄冰，被随后即帝位的几个侄子猜忌。李忱只能韬光养晦，在众人面前保持沉默，做出一副呆傻的样子。

按史书上记载："帝外晦而内朗，严重寡言……"在做亲王时，往往一天都不说句话，敬宗、文宗、武宗生活中的乐趣之一，就是去光王府找乐，想尽办法逗李忱说话。《旧唐书》记载："文宗、武宗幸十六宅宴集，强诱其言，以为戏剧，谓之'光叔'。武宗气豪，尤不为礼。"

十六宅即唐朝诸亲王居住之地。即使是文宗这位以老实著称的皇帝，也曾说过这样的话："谁能叫光王开口说话，我有重赏！"如果说喜欢游玩的敬宗还没把他的这位叔叔当回事，而文宗除了找乐外也没怎么为难过叔叔，那么到了武宗即位后，李忱面临的情况就危险得多了。

因为李忱越是沉默不语，武宗就越是不安。按晚唐韦昭度在《续皇王宝运录》里的记载，武宗在会昌三年，于宫中设宴，密令四名宦官将李忱幽闭，欲沉杀于厕所，但事情未果。李忱在其中一名叫仇公武的宦官的帮助下逃得一命。

晚唐令狐澄所著《贞陵遗事》中，则第一次披露了宣宗出家为僧的秘闻，"宣宗微时，以武宗忌之，遁迹为僧。一日游方，遇黄檗禅师同行，因观瀑布。黄檗曰：'我咏此得一联，而下韵不接。'宣宗曰：'当为续成之。'黄檗云：'千岩万壑不辞劳，远看方知出处高。'宣宗续云：'溪涧岂能留得住，终归大海作波涛。'"

如果说上面的记载有点演绎成分，那么《中朝故事》里写的就未必全为杜撰了，"宣宗即宪皇少子也，皇昆即穆宗也，穆宗、敬宗之后，文宗、武宗相次即位，宣皇皆叔父也。武宗初登极，深忌焉。一日，会鞠于禁苑间，武宗召上，遥睹瞬目于中官。仇士良跃马向前曰：'适有旨，王可下马。'士良命中官舆出军中，奏云：'落马已不救矣。'寻请为僧，游行江表间。会昌末，中人请还京，遂即位。"

从此，光叔开始了自己的流浪生涯。同时代的《北梦琐言》为了显示其流浪江南的隐秘性，记载道："（宣宗）密游方外，或止江南名山，多识高道僧人。"正史上虽未记载他出家为僧，但却说其"器识深远，久历艰难，备知人兼疾苦……"这里的"久历艰难"很可能暗指其出家的经历。

关于宣宗出家的寺院，有河南淅川香严寺、浙江海宁安国寺两说。香严寺传说称，宣宗在该寺出家七年，当是夸张；如果其真的出家云游，按诸笔记所载，多称其游历江表，在浙江海宁安国寺出家的可能性更大。宋代笔记中多有此记载。但在武宗会昌末年，他应该返回了长安。因为会昌六年三月初一武宗病危，这一天他被宦官拥立为皇太叔，即在此之前已恢复亲王身份。

武宗没有儿子，在其将死时，宦官们商量着立个好摆布的人为帝。这是他们选择宣宗的原因。但即位后宣宗出色的施政手腕使宦官和大臣们瞠目结舌。

宣宗早年信佛，晚年信道，同时又亲近儒士，每每与大臣讨论问题；爱惜书生，常与殿柱上题写秀才、举人和进士的名字。他与大臣的关系非常和谐，每有大臣外出，他总会写诗赠送。在接见臣子前，总是更衣洗手，整理装容。处理政务，更是夜以继日。若有章奏涉及朋党，他会偷偷焚烧掉。

宣宗十分勤俭。

在唐朝，后宫生活中有一个习惯，皇帝与妃子同房时，必用龙脑香、郁金香点缀地面，宣宗废除了这一淫逸的习惯。他所穿的龙袍，往往是洗过多次的；每天的餐饭，也不过三四个菜。有一天，皇后患病，召御医上汤药，及治愈，宣宗从自己的袖子里取出几两金子，塞给御医，说："不要让内官得知，若知道了，恐怕会有谏官上疏哇。"皇帝拿自己的私房钱感谢医生，但又担心这样做会为谏官所阻，惶恐中道出其可爱的形象。

当然，有时候他也发脾气。

有位官员叫孟弘微，很自大，有一次，宣宗与大臣议事，孟插嘴："陛下何以不知有臣，不以文字召用？"陛下您怎么不知道有我这么个人呢？为什么不因我出色的文字才华而叫我当翰林学士？宣宗怒道："卿何人斯，朕耳冷，不知有卿！"皇帝说，你谁啊？我耳朵冷，不知道有你什么个人！转天，宣宗对宰相说："此人太过狂妄，随便就要当翰林学士，想得太容易了吧！"

宣宗又勤政，事必躬亲，明察秋毫。

在那个时代，宣宗确实想为这庞大的帝国做些事，扭转一下帝国大厦的颓势，哪怕延缓一下它倒塌的速度也好。可暮色已至。在他做皇帝的第十个年头，一个诗人踏上长安城南的乐游原，写下同名诗："向晚意不适，驱车登古原。夕阳无限好，只是近黄昏。"诗人回望长安，看到它浸于一片灿烂而诡谲的晚霞中。

大中十三年间，可谓唐朝最后一抹辉煌。

这是帝国的庞大暮色，也是宣宗自己生命的暮色。因为在大中末年，那些不男不女的习惯弑君的阴影再一次在窃窃私语中覆盖了大唐皇帝。

前面我们说过，宣宗即位后就开始追查害死父亲宪宗的宦官阴谋集团。

宪宗被宦官王守澄、陈弘志谋弑时，宣宗只有十多岁。但震撼是巨大的。那是元和十五年（820）正月二十七日夜，这一晚，长安暴雪不止。宦官陈弘志的阴影像渐渐张开的蝙蝠的翅膀，慢慢地笼罩住了宪宗皇帝李纯的帷帐。

宪宗是公元805年秋八月成为帝国皇帝的，在位十五年间，外平藩镇，内任贤相，自己又有振作大唐的想法，所以元和时代被认为是安史之乱后的大唐中兴时期。但说起来多么遗憾，那是个宦官专权的时代，十五年前，他那被迫退位做太上皇的父亲顺宗是被宦官用匕首刺杀（他似乎也脱不了干系）；十五年后，宦官再次动手了，只不过这一次端上来的是毒药。随时有可能被宦官杀死，这是唐朝中期以后皇帝普遍的悲惨境遇。

当时，宫内掌权的宦官是左神策军护军中尉吐突承璀和右神策军护军中尉梁守谦。

按起自中唐的惯例，左、右神策军护军中尉均由宦官担任，直接指挥禁军，权力巨大。其时，宪宗的长子早死，太子是三子李恒，受梁守谦支持；二子澧王李恽窥视太子位，受吐突承璀支持。

元和十四年底，宪宗身体因服用追求长生的金丹而出了些问题，吐突承璀欲趁此机会废掉李恒的太子位，改立李恽。但梁守谦一派行动更早，而且计划更大胆：直接杀死宪宗皇帝，令太子李恒提前即位。

梁守谦一派的领袖，实是宦官王守澄。现在，他就在小宦官陈弘志的身后，看着陈把毒药强行灌进宪宗的嘴里。与此同时，梁守谦发兵袭杀吐突承璀，扶太子李恒即位，是为唐穆宗。政变当夜，按《旧唐书》之《宪宗诸子传·澧王传》记载："及宪宗晏驾，承璀死，王亦薨于其夕。"

后来正史的说法是，王守澄指使陈弘志弑君。实际上，唐人自己写的历史，就进一步道出：宪宗死后继承皇位的穆宗，也参与了弑杀父君的事件（正如宪宗当年为了巩固皇位也有可能参与了弑杀父亲顺宗的阴谋一样）。

晚唐之时，天下纷纷，深宫更黑，文宗以后的武、宣、懿、僖四朝实录，很多都散失了，一些吉光片羽和宫廷秘闻，幸赖裴庭裕《东观奏记》、韩偓《金銮密记》等保存下来。当时，裴庭裕奉昭宗之命，编撰《宣宗实录》。修实录前，裴庭裕"自为儿时，已多记忆，谨采宣宗朝耳闻目睹"，撰成《东观奏记》三卷，以备史官使用。

按《东观奏记》记载："宪宗皇帝晏驾之夕，上（宣宗）虽幼，颇记其事，追恨光陵（*穆宗之陵墓，代指穆宗*）商臣（*春秋时弑君的楚国太子*）之酷，即位后，诛锄恶党，无漏网者。时郭太后无恙，以上英察孝果，且怀惭惧。时居兴庆宫，一日，与二侍儿同升勤政楼，倚衡而望，便欲陨于楼下，欲成上过（*郭后想自杀，以叫宣宗背负骂名*）。左右急持之，即闻于上，上大怒，其夕，后暴崩，上志也。"

作为宪宗少子的宣宗，几十年后即位皇帝，开始追查弑君案，处决了一大批犯罪嫌疑人。在上面的记载中，穆宗不仅被认为是凶手，其生母郭氏即宪宗的妃子也有重大嫌疑。由此可见，唐朝后宫之隐秘，幕布之深厚，远远出乎我们所料。

郭氏出自名门，是平息安史之乱的大臣郭子仪的孙女，具

208

体地说是郭子仪之子郭暧与升平公主的女儿，后来嫁给唐宪宗。郭氏生穆宗皇帝，又是敬宗、文宗、武宗三位皇帝的祖母，而且还是代宗皇帝的外孙女，德宗皇帝的外甥女，顺宗皇帝的儿媳，其特殊身份在古代中国的皇室中确实难寻。

虽郭氏家族有再造大唐之功，但宪宗很讨厌她，因而郭始终没成为皇后（宪宗至死没立皇后）。因为夫妻关系冷淡，当自己的儿子（穆宗）的太子地位有可能被宪宗废除时，郭氏应该坐不住了。现在看来，宪宗被弑是郭氏、穆宗和宦官王守澄合力的结果。

皇帝被弑这种事往往不好明记于史，即使有记载也多为三言两语，然而唐人志怪有隐晦记录宫廷政变的传统，这也是其珍贵于后世的原因之一，比如在《东观奏记》诞生前，朱庆馀所作《冥音录》就已经有意无意地道出穆宗参与弑杀君父的秘闻了。

朱庆馀本福建闽中人（一说浙江绍兴人），敬宗宝历二年中进士，后为秘书省校书郎，是诗人张籍的徒弟。他喜欢写诗，跟贾岛、姚合、顾非熊、白居易、王建、令狐楚等均有交往，《全唐诗》收其诗两卷。跟那个时代的士人一样，他同时也爱好写点志怪传奇，最著名的就是这篇《冥音录》："庐江尉李侃者，陇西人，家于洛之河南。太和初，卒于官。有外妇崔氏，本广陵倡家，生二女，既孤且幼，孀母抚之以道，近于成人，因寓家庐江……"

庐江府尉李侃，于文宗大和初年死于任上。李侃有个崔姓情妇，是扬州歌伎，为李侃生二女。李死后，崔氏带着女儿在庐江生活。崔氏歌伎出身，平素喜好音乐。她有个妹妹，叫菭奴，美容貌，性温柔，尤擅弹古筝，可惜的是，十七岁时就死了。菭奴在时，崔氏叫二女跟妹妹学古筝。崔氏长女不太聪明，学得慢，但小姨好脾气。小姨死后，她们继续跟母亲学，但崔氏非常严厉，由于长女比较笨，所以总是被斥责甚至打骂。如此一来，长女就非常想念小姨，有一天，做了一个梦。在梦中，长女看到小姨，后者拉着她的手倾诉："我自辞人世，在阴司簿属教坊，授曲于博士李元凭。元凭屡荐我于宪宗皇帝，帝召居宫一年。以我更直穆宗皇帝宫中，以筝导诸妃，出入一年。上帝诛郑注，天下大酺。唐氏诸帝宫中互选妓乐，以进神尧、太宗二宫，我复得侍宪宗……"大意是：我死后，入阴间，户籍被归到音乐部门，教博士李元凭弹古筝。李元凭一次次向宪宗（**注意：这里说的宪宗，是死后在阴间的宪宗**）推荐我。就这样，皇帝下旨，召我进宫，随后被分配到穆宗（时为太子）宫中向诸妃传授古筝技艺。后来，我又回到宪宗身边侍候……

第二天，崔氏长女在室内摆放了果品，置了位子，执古筝而坐，后闭目而弹。她真的看到小姨了吗？那曲子悲惋动听，似幽魂一捧，阴寒带雪。一天之内，她竟学会了十支曲子，有《迎君乐》《槲林叹》《行路难》《晋城仙》《红窗影》等，都是人间从没听说过的。

冥冥中，长女听到小姨对自己说："我教给你的这些，都是宫内最新的曲子，深宫夜宴时，就会用它助酒兴，每每通宵达旦。穆宗尤其喜欢音乐，曾叫元稹填词数十首，都是妙绝一时的。本来呢，这些曲子是严格保密的，我不敢泄露。但最近听说，明年也就是庚子年，地府会有大变动，这些曲子会流传人间。现在，你我在冥冥中相见，可以说不是偶然的，那么，我就提前把这十支曲子献给阳间吧！"笔记中，小姨的原话是："此皆宫闱中新翻曲，帝尤所爱重。《槲林叹》《红窗影》等，每宴饮，即飞球舞盏，为佐酒长夜之欢。穆宗敕修文舍人元稹撰其词数十首，甚美，宴酣，令宫人递歌之。帝亲执玉如意，击节而和之。帝秘其调极切，恐为诸国所得，故不敢泄。然近闻，庚子年，地府当有大变，得以流传人世。幽明路异，人鬼道殊，今者人事相接，亦万代一时，非偶然也。会以吾之十曲，献阳地天子，不可使无闻于明代。"

故事中的宪宗、穆宗，虽是阴间地府中的鬼魂，但折射的显然是阳间世界，所以文中的"然近闻，庚子年，地府当有大

211

变"一句，是令人好奇的。这是因为，宪宗和穆宗之间的庚子年，正是公元820年，也就是元和十五年，也就是宪宗被弑之年！结合这一点，再看《冥音录》中"庚子年，地府当有大变"的说法，自然令人倒吸凉气。这句话背后的刀光剑影与毒药匕首，也就如长安泛着血光的大雪和崔氏长女所弹奏的冥曲一般，令人既寒且栗了。

宪宗死后，很多涉案者都逍遥法外。宣宗心里埋下一颗种子：假如有朝一日登上帝位，将不惜一切代价把弑君者全部惩处。为此他韬光隐晦，忍辱负重，最终骗过宦官并巧借其力成为帝国皇帝。即位后，宣宗一口一个"长庆（穆宗年号）之初，乱臣贼子"，一口一个"元和逆党"，后来把穆宗的灵位也驱逐出太庙。直接弑君的王守澄、陈弘志在文宗年间已被杀，于是宣宗就把所有跟他们有密切关系并涉嫌弑君案的宦官一个个处决，最后连涉嫌策动元和十五年弑君案的郭太后也没放过。

宣宗即位后，郭太后是很惶恐的。有一次，她想跳楼自杀，把不孝之责推给宣宗，幸被宫女所拦。宣宗听说后大怒，随后没几天，郭太后就暴死了。按照《东观奏记》里的记载："其夕，太后暴崩，上志也。"换句话说，宣宗赐死了具有重大涉案嫌疑的郭太后。

虽快意了恩仇，但宣宗也不得不面临一个危险局面。这危险仍来自宦官。主要是新一代掌握着禁军神策军的宦官。

铲除宦官专政是宣宗上台后的既定政策。为此，他曾经跟宰相令狐绹密谈过。令狐绹当上宰相跟宣宗的"元和情结"有直接关系。

他是如此地崇敬他的父皇宪宗。

宪宗曾游青龙寺，宣宗也多次到该寺，"至青龙佛宫，永日升眺，追感元和圣迹，怅望久之"。至于发现令狐绹，则是因为，有一天，他在延英殿听政，问宰相白敏中："当年宪宗下葬景陵，忽遇大风雨，送葬的人们都急着避雨，只有一山陵使攀着灵驾不动，那是何人？"

白敏中答："景陵山陵使令狐楚。"

宣宗问："他有儿子吗？"

白敏中答："长子绪，随州刺史。"

宣宗说："有做宰相的才华吗？"

白敏中答："绪小时候患有风痹，不能担重任；次子绹，湖州刺史，有台辅之器。"

就这样，令狐绹被召到长安，出任翰林学士，转年就当上宰相。虽然宣宗对令狐绹不错，但后者鉴于"甘露之变"的惨痛教训，没敢采用激进的办法对付宦官，只提出了一个保守之策：有罪的宦官，当然要惩处；空下来的职位，则不再安放新宦官。宣宗不太满意，他亲自宣布了一条诏旨：如果军中将帅出现差错和罪责，监军的宦官将担负连坐的责任。这个措施应该说是非常有针对性的。

在这种局面下，有些宦官坐不住了。

《新唐书》："（严遵美）父季实，为掖庭局博士，大中时，有宫人谋弑宣宗，是夜，季实直咸宁门下，闻变入，射杀之。明日，帝劳曰：'非尔，吾危不免。'擢北院副使。"也就是说，宦官已经开始动手了，只是没得逞而已。也就是从这时候开始，宣宗发现身边那些性别模糊的脸渐渐变得陌生而可怕起来。

到大中十三年（859）春，宣宗想在朝廷上寻找可以信赖的大臣，商讨对付统领神策军的权宦的计策。但一谈到这个问题，大臣们都顾左右而言他，不愿意参与其中，当年"甘露之变"失败，宦官仇士良诛杀四宰相的一幕似乎就在眼前。宣宗当然非常失望，一种巨大的孤独笼罩了他。他明白，大臣已习惯了这种政治框架，宦官喜欢拥立皇帝，就叫他们拥立去吧，谁坐在龙椅上对大臣来说没太大区别。

在这种情况下，宣宗想到跟自己关系最近的大臣韦澳。

前一年，韦澳担任检校工部尚书兼孟州刺史，且充河阳三城怀、孟、泽节度使。裴庭裕《东观奏记》中有这样一条极有价值的记载，披露了当时宣宗危险的处境和他采取的措施："韦澳在翰林极承恩遇，自京兆出为河阳三城节度使，当轴者挤之也。大中十三年三月，魏博节度使何弘敬就加中书令，上命宣徽南院使王居方往魏博赐麻制，假道河阳。上以薄纸手诏澳，曰：'密饬装，秋当与卿相见。'戒居方曰：'过河阳以此赐澳，无令人知。'居方既至，密以宸翰授澳。上七月寝疾，八月晏驾……"

按《东观奏记》中的记载，宣宗在感到身边宦官的威胁后，发现朝堂上又无人可用，于是派忠心于他的宦官王居方，假借出使河北魏博镇，中途绕道河阳，给在那里的韦澳带去亲笔信。为防万一，在信中他没说得太直接，似乎是在向韦澳讨养生秘方："久别无恙，知卿奉道，得何药术，可具居方口奏。"随后，又隐晦地告诉韦澳："秋当与卿相见。"

大唐皇帝竟困顿如此。

韦澳似乎有些觉察，回信给宣宗："……方士殊不可听，金石有毒，切不宜服食。"

王居方回来后，把韦澳的书信呈上，宣宗看后"嘉其忠"，向左右展示说："韦澳有宰相之才，我将召他回来，委以重任。"

这一切看上去就非常自然了，韦澳回京也就不突兀了。只是宣宗仍旧低估了宦官的阴险与残酷。他带信给韦澳是大中十三年春，到夏六月，宣宗病了：后背生了小疮，但并无生命危险。但宣宗是何等聪明的人物，知道自己这一病，就到了最危险的时候。因为按唐宫经验，不轨宦官往往会选择这时候向皇帝下手，随后向朝臣宣布皇帝死于疾病。

宣宗的想象马上就得到证实。

有人要动手了。他就是左神策军护军中尉王宗实。

史书上对此人没明晰记载，只知道他是宣宗时代的宦官，掌握着神策军主力。宣宗担心的正是此人。就在六月间，王宗实借口宣宗染疾不能外出，动用亲信军士与宦官，将其半软禁起来。宣宗是八月七日被宣布死亡的。从六月到八月这两个多月的时间，皇帝跟外面的大臣失去了联系。

困顿中，宣宗仍决定做出最后一击，他采取了一个冒险措施：用当年文宗之策，提拔一派宦官，打击另一派。他想到内枢密使王归长、马公儒以及为他送过信的宣徽南院使王居方。在八月初的一天，找了个机会，诏三人入寝宫，告诉他们辅佐好皇子夔王滋，等于给此三人暗示，自己是信赖他们的。

《东观奏记》里还有非常重要的一段："上自不豫，宰辅侍臣无对见者。疮甚，令中使往东都太仆卿裴诩宣索药，中使往返五日。复命召医疮方士、院生对于寝殿，院言可疗。既出，不复召矣。"

在这里提到宣宗派出一名信使到洛阳卿裴诩那里"求药"，只言"往返五日"而没提结果。这个叫卿裴诩的太仆卿在《新

216

唐书》和《旧唐书》中没有任何记载，是因为官职不显（**太仆卿，负责马政**），还是别有原因？长安那么多太医，为什么花费多日时间到洛阳一个负责马政的人那里"索药"？或因当时宣宗的另一亲近之人女婿郑颢（**时官拜河南尹**）在洛阳？随后的记载更蹊跷：先是说宣宗的疮病是可疗的，但随后又说太医走后，"不复召矣"？是谁在其中阻拦太医进一步给宣宗看病？

大明宫的月色渐渐狰狞起来。先看看《新唐书》中的记载：

"大中十三年八月，宣宗疾大渐，以夔王属内枢密使王归长、马公儒、宣徽南院使王居方等，而左神策护军中尉王宗实、副使亓元实矫诏立郓王为皇太子。癸巳，即皇帝位于枢前。王宗实杀王归长、马公儒、王居方。"

记载王归长、马公儒、王居方三人矫诏，将王宗实转任为淮南监军。王接旨后就想去启程赴扬州，但副手亓元实提醒他：也许圣旨是假的？何不进宫面见陛下再说？等他们进入寝宫，宣宗已经驾崩，宫女正围着遗体哭泣。随后王宗实怒斥王归长等三人，三人吓得趴在他脚上求饶。王宗实当即派人到十六宅迎接宣宗长子郓王温即皇帝位（郓王即位后为懿宗皇帝，关于此人的来历，是唐史上最后一个谜团，因为按照一些蛛丝马迹分析，此人有可能是一个冒牌的。《新唐书》中的《后妃下·宣宗元昭皇后晁氏传》有如下记载："宣宗元昭皇后晁氏，不

217

详其世。少入邸，最见宠答。及即位，以为美人。大中中薨，赠昭容，诏翰林学士萧寘铭其窆，具载生郓王、万寿公主。后夔、昭等五王居内院，而郓独出阁。及即位，是为懿宗。外颇疑帝非长。寘出铭辞以示外廷，乃解。"此段仍引自《东观奏记》，但有改动，懿宗真实身份至今存疑），杀原本将有可能继承帝位的第三子夔王滋及王归长、马公儒、王居方。

在这里，有一个插曲：大中十二年初，宣宗曾召罗浮山道人轩辕集入宫，访以治国治身之术。一年后的春天轩辕集就要求还山。

宣宗问："先生再留一年不可以吗？"

但轩辕集去意已决。

宣宗又问："我天下当得几年？"

轩辕集说："五十年。"

宣宗很高兴。及初秋遇害，宣宗五十岁。

在有志怪色彩的晚唐笔记《杜阳杂编》中，记述则是："先生舍我亟去，国有灾乎？"宣宗问。

轩辕集不语。

宣宗又问："朕能做多少年天子？"

轩辕集取笔写"四十"，但"十"字上挑，意为十四年。

轩辕集由宦官推荐入宫，在出入宫廷的这一年里，他发觉和洞察到了什么？他有关宣宗在位十四年的预言故事，就仅仅是一个带有志怪色彩的传说吗？

回到八月的那天深夜。宣宗被宣布死亡的前一天，也就是八月初六。

如果不出意外的话，这天的深夜的情境大约是：宣宗从睡梦中惊醒，但随即发现不是在做梦，一只真实的死亡之手牢牢地扼住他的咽喉。或许那只手还端着一杯毒酒。宣宗听到尖细的笑声。他熟悉那笑声。小时候，他总从那怪笑的噩梦中醒来，是那笑声杀害了自己的父皇。而现在，他再次听到那笑声，看到一张惨白的阉人的脸。现在是大中十三年初秋，但所有的一切跟元和十五年春他父皇宪宗死时的情景没什么区别。

"秋当与卿相见。"他终于没能等到韦澳。

宣宗遇害的秋天，诗人刘沧再次入长安参加科举考试，过太宗世民的昭陵时，写下那首晚唐最著名的七律："寝庙徒悲剑与冠，翠华龙驭杳漫漫。原分山势入空塞，地匝松阴出晚寒。上界鼎成云缥缈，西陵舞罢泪阑干。那堪独立斜阳里，碧落秋光烟树残。"（《秋日过昭陵》）

在这末世之音中，一个时代结束了。狂暴的残唐五代岁月，终于来临了。

在宣宗还叫光叔的日子，一天深冬的晚上，他跟武宗出行回来，于路上坠马，因在队伍最后，人们都没发现。当时天降大雪，朱雀街上清冷异常。光叔大呼道："我光王也！"半晌，才有巡夜人员过来，但不知道雪地上的人说的是真是假，最后嘀咕着又走了。光叔慢慢爬起，发现巡夜人员留下一个罐子，干渴的他一饮而尽，开始以为是水，喝到嘴里竟是酒。他感到一丝温暖。站起身，这时候雪更大了。他想在风雪中冲破这无边的黑夜，只是这黑夜那么漫长……

段成式的迷宫

——他的孤独是时代的孤独

在这个世界上，在浩瀚的历史中，总有一些人已是非常厉害了，但因种种原因而寂寞于后世。

晚唐时代的段成式是其中一个。

因为他写了一本中国古代最著名的志怪笔记《酉阳杂俎》。这本书不仅包含了大量带有奇幻、惊悚、恐怖特质的异闻怪谈，还保留了大量唐朝的珍贵史料、社会新闻和自然学识。举个例子：唐朝时关于非洲的描述，其文字内容，把作为正史的《新唐书》和《旧唐书》加在一起，也没有《酉阳杂俎》里记载得多。

该书价值如此。

最可贵的一点是，书中的很多新闻，是段成式亲自采访得到的，采访对象包括朋友、同事、下属，乃至仆人，比如"灰姑娘"叶限的故事，就是他通过采访自己的家庭医生而获得的。它最终成为那个著名的西方童话的源头，比格林兄弟早写了一千年。

这就有点意思了。

但不要以为这位唐朝记者以卖文为生，实际上段成式有着显赫的背景，其祖上是李世民的心腹、位列凌烟阁"二十四功臣"之一的段志玄，其父亲是中唐宰相段文昌，其外祖父是更著名的宰相武元衡。就其个人来说，段成式在当时与李商隐、温庭筠齐名，因三人在家族中都排行第十六，被称为"文坛三十六"。

当然，段成式最终的知名度无法与李商隐、温庭筠抗衡。

这是时代的孤独。因为古时志怪笔记是登不了大雅之堂的，无法与诗词比肩。

段成式（803—863），字柯古，原籍山东临淄，出生于湖北荆州，在四川成都长大，历任校书郎、太常少卿、江州刺史等职，晚年寓居襄阳，以撰写志怪笔记小说自娱自乐。他才思敏捷，以博闻强识著称，为官时四处漫游的经历又给了他接触各色人等的机会。加上他喜好藏书，多奇篇秘籍，而且在长安为官时做过秘书省校书郎一职，能随意出入皇家图书馆，查阅人们难得一见的孤本，使得他有了完成《酉阳杂俎》这部百科全书式的志怪笔记的资本。

《酉阳杂俎》风格诡秘，暗藏玄机。

唐时酉阳，在今湖南沅陵，传说该处有山洞，内藏古书千卷。段成式采用"酉阳杂俎"做书名，除表示所记内容广博外，亦含隐秘之意。事实上也是如此。该书前卷20卷，续卷10卷，内容涉及仙、佛、鬼、怪、道、妖、人、动、植、酒、食、梦、雷、盗墓、预言、娱乐、刺青、壁画、天文、地理、珍宝、科技、民俗、医药、矿产、生物、政治、宫廷秘闻以及八卦谈资乃至超自然现象。

该书的诡秘不仅表现在内容上，篇名也是如此，如记天象的叫"天咫"，记道术的叫"壶史"，记佛法的叫"贝编"，记盗墓故事的叫"尸穸"，记鬼怪的叫"诺皋记"。段成式像个忠实的守夜人，捕捉着唐朝幻夜里的秘密。

随便看两则：

"虎初死，记其头所藉处，候月黑夜掘之。深二尺当得物如琥珀，盖虎目光沦入地所为也。"又，"大食西南二千里有国，山谷间树枝上，化生人首，如花，不解语。人借问，笑而已，频笑辄落……"

令人目眩神迷的想象，是《酉阳杂俎》夺人目光的秘密所在。再看：

"姜楚公尝游禅定寺，京兆办局甚盛。及饮酒，座上一妓绝色，献杯整鬓，未尝见手，众怪之。有客被酒戏曰：'勿六指乎？'乃强牵视。妓随牵而倒，乃枯骸也……"

"大历中，有士人庄在渭南，遇疾卒于京。妻柳氏因庄居，一子年十一二。夏夜，其子忽恐悸不眠。三更后，忽见一老人，白衣，两牙出吻外，熟视之。良久，渐近床前。床前有婢眠熟，因扼其喉，咬然有声，衣随手碎，攫食之。须臾骨露，乃举起饮其五脏。见老人口大如簸箕，子方叫，一无所见，婢已骨矣。数月后，亦无他。士人祥斋，日暮，柳氏露坐逐凉，有胡蜂绕

225

其首面，柳氏以扇击堕地，乃胡桃也。柳氏遽取玩之掌中，遂长。初如拳，如碗，惊顾之际，已如盘矣。暴然分为两扇，空中轮转，声如分蜂。忽合于柳氏首，柳氏碎首……"

"古冢西去庄十里，极高大，入松林二百步方至墓。墓侧有碑，断倒草中，字磨灭不可读。初，旁掘数十丈，遇一石门，固以铁汁，累日洋粪沃之方开。开时箭出如雨，射杀数人。众惧欲出，某审无他，必机关耳，乃令投石其中。每投，箭辄出，投十余石，箭不复发，因列炬而入。至开第二重门，有木人数十，张目运剑，又伤数人。众以棒击之，兵仗悉落。四壁各画兵卫之像。南壁有大漆棺，悬以铁索，其下金玉珠玑堆集。众惧，未即掠之。棺两角忽飒飒风起，有沙进扑人面。须臾风甚，沙出如注，遂没至膝，众皆恐走。比出，门已塞……"

"元和末，盐城脚力张俨，递牒入京，至宋州遇一人，因求为伴。其入朝宿郑州，因谓张曰：'君受我料理，可倍行数百。'乃掘二小坑，深五六寸，令张背立，垂足坑口，针其两足。张初不知痛，又自膝下至骭，再三捋之，黑血满坑中。张大觉举足轻捷，才午至汴，复要于陕州宿，张辞力不能。又曰：'君可暂卸膝盖骨，且无所苦，当日行八百里。'张惧，辞之。其人亦不强，乃曰：'我有事，须暮及陕。'遂去，行如飞，顷刻不见……"

想象力最发达的时代，也一定是心灵最自由、精神最奇瑰的时代。唐朝的魅力决然在此。

在段成式垒建的迷宫中，除了绚烂的魔幻通道外，还有一条小径通往历史的真相。这也是唐朝志怪笔记的美好传统。很多因种种缘故被正史拒载的事件，在志怪的迷宫中留下了蛛丝马迹。而另一些时候，在迷宫中的某些路口，魔幻和秘史又是交融在一起的。

古人倦夜长，故秉烛游。但是，在遥远的唐朝，深庭欢宴外，一定还有别的打发时光的方式，比如在大雪夜围炉怪谈。《酉阳杂俎》成书的中晚唐是个神奇的时代。在当时，上至宰相下到士子都热衷于谈鬼论怪、寻仙慕道，整个社会充满灵异的气氛。当包括宰相在内的人们都在奔赴这想象力的盛宴时，一个时代的诡谲风格也就可想而知了。出现这种情况，是有隐秘的原因的。

如果留意的话，会发现：进入中唐德宗贞元时代（公元785年至805年）后，各种奇异的事频繁发生，幽暗、隐秘、诡谲、苍茫的时代氛围由此形成：

贞元元年，怪鸟现于终南山，有双手，及一足……

贞元二年，长安大雪，平地深尺余，雪上有薰黑色……

贞元三年，华山谷中见一人腿，袜、履犹新，断在膝，无疮迹……

贞元四年，雨木于陈留，大如指，长寸许。每木有孔通中，所下其立如植，遍十余里……

贞元五年，成都宝相寺，入夜忽有飞虫五六枚，大如蝇，金色，迭飞起灯焰。或蹲于炷花上鼓翅，与火一色，久乃灭焰中……

贞元六年，宣州忽大雷雨，一物坠地，猪首，手足各两指，执一赤蛇啮之。俄顷，云暗而失……

贞元七年，江淮有士人庄居，其子魔症多日。其父饮茗，杯中忽起水泡，莹净若琉璃，中有一人，长一寸，细视之，乃其子也。食顷，爆破，一无所见……

贞元八年，莱州即墨县有百姓王丰兄弟三人。丰不信方位所忌，常于太岁上掘坑，见一肉块，大如斗，蠕蠕而动，遂填。其肉随填而出，丰惧，弃之。经宿，长塞于庭。丰兄弟奴婢数日内悉暴卒……

贞元九年，明州有一人浸蛇酒，前后杀蛇数十条。一日，自临瓮窥酒，有物跳出，啮其鼻将落，视之，乃蛇头骨……

贞元十年，"严绶镇太原，市中小儿如水际泅戏。忽见物中流流下，小儿争接，乃一瓦瓶，重帛幕之。儿就岸破之，有婴儿，长尺余，遂走。群儿逐之，顷间足下旋风起，婴儿已蹈空数尺。近岸，舟子遽以篙击杀之。发朱色，目在顶上……"

贞元十一年，虢州五城县黑鱼谷，有水方数步，常见二黑鱼，百姓王用伐木饥困，遂食一鱼。久乃转面，已变为虎焉。时时杀獐鹿，夜掷于自家庭中。如此三年。一日日昏，叩门自名曰："我用也。"弟应曰："我兄变为虎三年矣，何鬼假吾兄姓名？"又曰："我往年杀神灵，谪为虎。今免放，汝无疑也。"弟喜，遽开门，见一人，头犹是虎，因怖死……

贞元年间之所以频频发生诡异之事，如果剥茧抽丝，会发现：跟大明宫里的皇帝有着某种潜在的关系。

安史之乱平息后，河北的叛军扛着不展的旌旗消失在绿树黄尘间，庞大的帝国进入身影隐秘的中年时代，大明宫阴沉的帷幕又多了几重。在玄宗之后，经肃宗、代宗，而进入德宗时代。

端坐在大明宫的德宗，看到一群庞大的乌鸦在他上空徘徊不去。聒噪声中落叶纷纷。它们的身影遮住那枚黄月亮。在某个瞬间，德宗决定使用个新年号。在此之前，他使用过"建中""兴元"。在大臣的建议下，德宗最后采用了"贞元"这个年号。《周易》中有"元亨利贞"的说法。"元"指"善"，"贞"意"正"。这两个字有纯洁明朗之意。但事实却恰恰相反。

德宗叫李适，是代宗的长子，母亲是安史之乱中失踪的被称为沈珍珠的沈皇后。

德宗的童年时代恰逢大唐盛世，四海晏清。他十三岁那年，安禄山在范阳起兵，叛军自河北一路而下，洛阳、长安相继失守。随后，是长达八年的战争。公元762年，父亲代宗即位时，战乱进入尾声。那一年，他被任命为天下兵马大元帅，郭子仪、李光弼是他的副手。正因为此，作为未来的皇帝，他奇异地和著名的将领们一起被描绘入凌烟阁。公元779年，他成为帝国的新皇帝。

德宗被称为"九叶天子"，因为到他时帝国皇权已延续九代。即位后，他时常想起父亲代宗，在他眼里，那是个神秘莫测的人。因为他往往能在不动声色中把一些令人生畏的人解决掉，比如李辅国、鱼朝恩、程元振，帝国宦官史上三个鼎鼎大名的人物。

德宗从不认为自己有父亲一样的手腕。相比之下，他是比较温和的，认为"德"最重要，《酉阳杂俎》中披露了他生活中的一个片段："相传云，德宗幸东宫，太子亲割羊脾，水泽手，因以饼洁之。太子觉上色动，乃徐卷而食。"意思是，太子奢侈地用饼擦手，当发现德宗脸色有点不好看时，便顺水推舟地把饼卷起来吃了。

相比于父亲醉心于长安的争斗，德宗更关注河北、山东和淮西的问题。他想抑制那里割据的藩镇。但他太急了，结果激起更大的叛变。更要命的是，建中四年（783）十月，他调泾原军团前往淮西平叛，途经长安时，军团因受到冷落的待遇而哗变，他仓皇出逃。他想让帝国重抖擞，但没想到越搞越乱，最后不得不下"罪己诏"，表示藩镇叛乱是由于他的失政造成的，重新默认河北等地的藩镇现状。在那些地方，有独立的税收，节度使可以子袭父职。

"泾原兵变"时，德宗从长安出逃，身边的大臣都跑了，只有一帮宦官保护着他。他很感动，也很伤心。返回长安后，提升了神策军在禁军中的位置，将其置于羽林军、龙武军之上，成为皇帝最重要的卫队，并由身边的宦官直接统领。贞元十二年（796）六月，他正式设立了令后世朝臣闻之色变的左、右神策军护军中尉一职，这支长安最重要的部队由此正式掌握在宦官手中，这是宦官干政、弑立皇帝如儿戏的开始。

外部削藩失败、内部宦官掌握军权，至此中晚唐大局已定。

有了"泾原兵变"的体验，德宗不再相信身边的大臣。他频繁地更换宰相，除宦官外，更看重贴身的翰林学士。陆贽罢相后，德宗更是"躬亲庶政，不复委成宰相。庙堂备员，行文书而已"。陆贽此前曾劝他："君上之权，特异臣下者，唯不自用，乃能用人。"德宗与宰相展开辩论，表示自己做不到这一点。那场兵变在他的内心扎下了太深的阴影。

在这种情况下，包括宰相在内的很多大臣也就懒得再关注国家大事了，开始醉心于自家庭院中的夜宴或自娱自乐地写起志怪笔记。就这样，在贞元年间，各种诡异的奇闻充斥在帝国上空。

段成式的一生，横跨中晚唐，经历德、顺、宪、穆、敬、文、武、宣、懿宗九朝。《酉阳杂俎》一书，则主要写于唐宣宗大中年间。除异闻怪谈外，正像前面说的那样，书中还有大量唐时的社会新闻。

在荆州时，段成式采访到这样一则新闻："荆州街子葛清，勇不肤挠，自颈以下，遍刺白居易舍人诗。成式尝于荆客陈至呼观之，令其自解，背上亦能暗记。反手指其札处，至'不是此花偏爱菊'，则有一人持杯临菊丛。又'黄夹缬林寒有叶'，则指一树，树上挂缬，缬窠锁胜绝细。凡刻三十余首，体无完肤。"在这则故事中，为后世贡献出一个成语"体无完肤"。白居易的粉丝在自己身上刺满了白诗，放到现在也是社会新闻版的头条。

难怪明朝编辑家李云鹄在重新刊刻《酉阳杂俎》时，写下了这样的序言："无所不有，无所不异，使读者忽而颐解，忽而发冲，忽而目眩神骇，愕眙而不能禁……"清代时，纪晓岚写《四库全书总目提要》，则这样评价该书："其书多诡怪不经之谈、荒渺无稽之物，而遗文秘籍亦往往错出其中，故论者虽病其浮夸而不能不相征引，自唐以来推为小说之翘楚……"鲁迅的评价是："或录秘书，或叙异事，仙佛人鬼以至动植，弥不毕载，以类相聚，有如类书，虽源或出于张华《博物志》，而在唐时，则犹之独创之作矣。每篇各有题目，亦殊隐僻……而抉择记叙，亦多古艳颖异，足副其目也。"当代文学批评家李敬泽先生则称《酉阳杂俎》为黑夜之书："《酉阳杂俎》是一本秘密的书，它有一种魔鬼的性质，它无所不知，它收藏了所有黑暗、偏僻的知识……"美国著名汉学家、《撒马尔罕的金桃》的作者谢弗认为，《酉阳杂俎》是中国古代最具魔幻色彩的书，不但非常有趣，而且具有重要的历史价值。

南唐笔记《金华子》记载：段成式一日与朋友在某寺游玩，遇一前朝石碑，其中有两个古字不认识，段长叹道："此碑无用于世！"朋友问为什么，段回答："此二字连我都不认识，它还有什么用呢？"

这不是夸海口。

段成式在时，与温庭筠关系最好，可谓终其一生的挚友（段成式之子段安节娶温庭筠之女）。唐懿宗咸通四年六月，老友故去。温庭筠悲伤不已。他回想起大中十三年生日那天，段成式特意派飞骑给他送来一块古墨，而他回送了九盒搜罗而来的志怪故事。他知道自己的这位老友最喜欢这个。

这一年十一月十三，长安大雪飘飞，天快亮时，有人叩温家大门，仆人从门后窥望，见有一双手呈上竹筒一只，说："这是段大人叫我送来的。"仆人从门缝接过竹筒，交与温庭筠。庭筠开始以为弄错了，因为老友已去世半年。但打开后，正是段成式的笔迹。庭筠急忙出户，但大雪茫茫，又去哪寻找那送信人呢？回屋后，他焚香拜读，却不解书信之意。书信原文如此：

"恻发幽门，哀归短数，平生已矣，后世何云？况复男紫悲黄，女青惧绿，杜陵分绝，武子成觋。自是井障流鹦，庭钟舞鹄，交昆之故，永断私情，慨慷所深，力占难尽，不具。荆州牧段成式顿首。"

在这里就不翻译这封书信了，因为连温庭筠都看不懂。

温庭筠在伤感中露出一丝苦笑："柯古兄啊，你自是博学，只是这幽冥来书，为什么还写得这样深古？"

据说这封段成式的幽冥来信后来被拓了一份，原件保存在温家，拓本保存在段家。这则故事是段成式之子段安节亲自诉说的，见于晚唐五代尉迟枢所著《南楚新闻》中。我情愿相信这是段成式给温庭筠开的玩笑。

当时与他齐名的李商隐，现在已是最著名的唐朝诗人之一，在一些人眼里甚至超越了李白和杜甫；而他的老友温庭筠，因为是唐朝诗人中第一个大量写词的人，开辟了宋词之路，而在历史上也具有独特地位。

段成式呢？

他的孤独是时代的孤独。

"平生已矣，后世何云？"在给温庭筠的幽冥来信中，也许他已预想到自己的这种孤独了。但他很坦然：一生就这样过去了，后人又能说些什么！只是我愿意相信，正是因为这种孤独，才使他的身影在千年后越来越高大。

《酉阳杂俎》中有一条记载如下："异蒿，田在实，布之子也。大和中，尝过蔡州北。路侧有草如蒿，茎大如指，其端聚叶……折视之，叶中有小鼠数十，才若皂荚子，目犹未开，啾啾有声……"说的是他上任路过蔡州，发现路边有一棵异草，于是下马俯身来观察其特征，还在草叶中发现小鼠数十只。

这样的生活情趣和对大自然之爱，在刀光剑影、官场争斗的古代，还可以找出第二个人吗？

年轻时，段成式喜欢打猎，其父宰相段文昌很担忧，但考虑到孩子已成人，又不便当面斥责，于是找来身边的幕僚，传话于成式，让他莫荒废学业。幕僚告知成式，段成式唯笑而已。第二天，打猎如故，所带鹰犬更多。回来后，送给幕僚一对兔子及书信一封。幕僚开信，见文辞优美，旁征博引，字字珠玉，于是回报段文昌，并展示书信。看完后，宰相父亲放声大笑："再无忧矣！"

撒马尔罕的金桃

——一场水果引发的动乱

西域赡披国有牧羊人，放羊时，发现少了一只。直到太阳落山，那只羊才慢悠悠地回来，但模样、毛色及叫声都发生了某种变化。其他羊都感到很奇怪，牧羊人更是惊讶。

转天午后，那只羊又鬼鬼祟祟地溜了。

牧羊人悄悄跟在后面。走了很长时间，来到一座大山前，四围植物茂盛，那只羊一侧身，钻进入一个藤蔓掩映的洞口。

牧羊人随即也跟了进去。

刚入洞的时候，四周特别黑，牧羊人摸索着行了五六里，"豁然明朗，花木皆非人间所有"。再看那只羊，正在不远处吃草，草的样子不可辨识。牧羊人东张西望，漫步闲逛，突然发现前面金光闪烁，芳香四溢。他快步上前，见是一棵果树，结的果子呈黄金色。牧羊人摘下一枚，就在这时候，身边骤然出现一头怪物，面目狰狞，把果子夺去了。

牧羊人惊慌中返回地面。随后几天，他一直惦记着那奇异的果子，觉得吃后也许可成仙得道。过了两天，牧羊人又顺着原路进入那洞穴摘果子，情形跟上次一样，刚摘下，那怪物就又出现了。这一次，牧羊人有了准备，奔跑中，一口把果子吞入腹中。随后，让他想象不到的事发生了：只见他身体暴长，虽然头钻出了洞穴，但巨大的躯干却塞在穴内……

显然，这种果子具有使人身体急剧增长的功效。

没人知道那只不安分的羊是怎么发现秘密洞穴的，也不知道守护果子的家伙是何方神圣。

说起来，每个朝代都有自己喜欢的水果。魏晋时，李子最受欢迎。到唐朝，这种水果就失落了。除皇室姓李不可能再叫大家狂吃外（一如禁止食用鲤鱼），还有一个重要原因，就是由于帝国盛大开放，中外交流频繁，长安的贵族们又发现了一些更好吃的水果，比如，樱桃、葡萄、石榴、荔枝……它们有的产于本土，有的则来自域外。

唐朝建立后，把持水果之王位置的一直是樱桃，所谓"其木多阴，先百果熟，故古人多贵之"。樱桃宴、品樱会，各种以樱桃为主题的聚会宴饮层出不穷。李家皇室专门在大内开辟了樱桃园，向大臣们赐樱桃成为皇家的惯例。值得一提的是，这种恩赐并非摘下来给大臣吃，而是叫大臣们站在樱桃树下，用嘴直接去含食枝上的樱桃。这就有点意思了。

当时，有宦官叫齐日升，专门研究樱桃的种植，"养樱桃至五月中，皮皱如鸿柿不落，其味数倍，人不测其法"。也就是说，到了樱桃该熟落的季节，仍能通过某种技术使之坠于枝头，味道比一般的甜美很多倍。至于外地的樱桃，则以东都洛阳的最佳。当时，诗人们更是以在诗句中嵌入"樱桃"一词为时尚。

但到了唐太宗贞观九年(635)冬，这种情况陡然发生了变化。

这一年，唐朝发生了些大事：太上皇李渊去世了；西北作战的唐军，在李靖和侯君集的指挥下，击灭了吐谷浑；朝廷按百姓财产的多少，把全国民众分成九等。这些事情虽然都不小，但未必是贵族和大臣们最关心的。他们最关心的是：一种传说已久的神秘水果，在这年冬天终于进入了长安。

十一月，来自中亚地区的康国使团抵达长安，向唐太宗世民敬献了一种水果，这就是在唐朝暴得大名的撒马尔罕的金桃。

撒马尔罕，康国都城，在今乌兹别克斯坦。当地气候干燥，养水果之甘甜。按描述，这种桃子成熟得非常晚，桃肉紧紧粘在桃核上。由于极其甘甜，容易被虫蛀，所以生长过程中，须有术士持咒，最终才能"大如鹅卵，其色如金"，一如来自仙境。

千年后，一位美国汉学家遗憾地感慨道："这种水果的滋味又到底如何，我们现在已经无从推测了。"为弥补这种遗憾，他把自己的学术名著取名为"撒马尔罕的金桃"。这个人就是以研究唐朝舶来品著称的谢弗。

对于撒马尔罕的金桃，也有人提出疑问：桃子成熟后以红为美，所谓金桃未必就是指金黄色的桃子，而是另有深意。在这种疑问下，一些人认为它是西域术士所炼的一种吃后可得永生的神秘水果。

贞观九年的进献轰动了整个宫廷，长安的大街小巷也纷纷传言，说皇室得到了一种可以长生不老的仙果。

首次献桃后，又过了两年，康国使者再次穿越茫茫沙漠和戈壁来到长安。

这一次，除带来金桃外，还敬献了几株树苗。太宗皇帝大喜，通过下诏书的形式，令园艺师将树苗种植在御园。多年后，晚唐诗僧齐己写下这样的诗句："一闻归阙下，几番熟金桃。"（《寄朱拾遗》）

御园中虽种植了几株，但在盛唐时代，皇家仍不时地派使者去撒马尔罕收购金桃。直到安史之乱爆发后，西行求桃的行动才停止。大乱后，唐朝势力退出西域。而种植在御园的金桃树，也在叛军攻入长安后奇异地枯死。此后，即使有金桃偶现长安，也是波斯、大食等国的商人顺手带来的，数量就更为稀少了。这期间，也有一些唐朝商人冒险前往撒马尔罕寻求金桃和树苗，但最后往往是死于非命。

谢弗曾在书中断言，没有记载和迹象表明撒马尔罕的金桃曾传播到长安御园以外的地方。按他的观点，安史之乱后甚至更早，这种桃子就在唐朝消失了。但是，如果他读过杜甫的一首诗的话，也许会转变自己的看法。唐肃宗乾元二年（759），杜甫游历秦州，在麦积山上一座几乎废弃的寺院里，神奇地发现一株金桃树。在《山寺》一诗中，诗人杜甫这样写道："野寺残僧少，山园细路高。麝香眠石竹，鹦鹉啄金桃。乱水通人过，悬崖置屋牢。上方重阁晚，百里见秋毫。"

秦州即今日甘肃天水，是西域商人入长安的必经之地。如果说有人在寺院食用撒马尔罕的金桃且吐核成苗，甚至嫁接成树，又有什么不可能的呢？当然，一些固执的人认为，诗中所描述的金桃不过是麦积山上的野山桃而已。

与此同时，在太原，也出现过金桃的蛛丝马迹。谢弗在《撒马尔罕的金桃》中曾广泛引用《酉阳杂俎》的内容，使自己的著作充满一种魔幻的气氛。但却遗漏了一处："太原有金桃，色深黄。"或许谢弗认为，太原的这种桃子，不可能跟撒马尔罕有什么联系。

可这位美国人忘记了一点：撒马尔罕的金桃产自中亚的康国。康国国王是汉朝月氏人的后裔，该国大多数居民则是当地善于经商的粟特人。唐朝时，作为北都的太原（**李渊起兵之地。唐以长安为京师，洛阳为东都，太原为北都**），商业非常繁盛，聚集了大批粟特人。如果他们中的一些把金桃树带到了这里，也不是一点可能都没有。

但随着黄巢之乱的爆发，整个帝国陷入漫天的血光中，撒马尔罕的金桃就真的彻底消失在晚唐的风沙中了。到宋朝，虽有笔记和诗句提到"金桃"，一些人甚至表示自己还亲口品尝过，但可以断定其所吃的不过是冒牌货而已。（杨万里《尝桃》："金桃两钉照银杯，一是栽花一买来，香味比尝无两样，人情毕竟爱亲栽。"）

至于段成式，虽然提到一种神奇的桃子，但并非来自遥远的撒马尔罕，而是南方的潇湘之地："仙桃，出郴州苏耽仙坛。有人至，心祈之辄落坛上，或至五六颗。形似石块，赤黄色，破之，如有核三重。研饮之，愈众疾，尤治邪气。"这种内心祈求才落下的桃子，当然具有灵异的特质，而且最好的吃法是磨成桃汁。

又称，唐时有人叫史论，在齐州为官，一次打猎迷路，进入一家寺院，闻到异香扑鼻，便问询寺中僧人，后者取桃一只，大如饭碗，味道极美，令人神清气爽。史论问桃子来自何方，僧人最后如实道来，史论便拉那僧人一同采摘。二人越岭涉河穿深涧，来到一个怪石嶙峋的地方，有桃树数百株，枝条拖地，年代久远。史论跟僧人各自大吃了一顿，前者还想带走几个，僧人说："这里也许是仙灵之境，不可过贪。我曾听人说，昔日有人也来此摘桃，怀里揣了五六个，最后迷失在这桃林而不得出。"

当然，也有人认为，撒马尔罕的金桃其实并不神秘。因为桃子的原产地就是中国。撒马尔罕的粟特人，只不过把柿子树和桃树嫁接在一起，结出的桃子也就带有柿子的基因了，所以味道甘美，色泽金黄，唐人视之为珍奇，是少见多怪而已。

樱桃梦
——穿越梦境的物证

　　库布里克在其晚年导演了终极之作《大开眼界》。对这部充满阴郁诡谲氛围的电影，历来有各种解读。实际上，唯一接近真相的是：片中，汤姆·克鲁斯扮演的男主人公进入了妮可·基德曼扮演的女主人公的梦境中，并在那里参加了一场带有宗教仪式的神秘、诡异而恐怖的聚会。

　　在我们这个充满未知的世界里，一个人有没有可能进入他人的梦中？

　　后来，诺兰在其神作《盗梦空间》里又为我们讲述了一个更复杂的可能：片中的莱昂纳多·迪卡普里奥，一个专事盗梦的窃贼，不但可以进入别人的梦境，窃取其潜意识中有价值的秘密，甚至还可以植入自己的想法。

　　《大开眼界》中，有一个寓意深远的面具。在片中，面具不仅具有隐藏真实身份的作用（"当人们戴上面具时就是摘下面具时"），而且暗喻了人与人之间内心不可能真正交流。但同时，它也作为男主人公曾经进入过妻子梦境的信物而存在。这一点在影片中是非常重要的。在《盗梦空间》中，区分现实与梦境的，则是一只陀螺。

　　在很多年前，阿根廷作家博尔赫斯曾在一篇作品中提到"柯勒律治之花"。19世纪英国湖畔派诗人柯勒律治大胆幻想：一个人在梦中穿越天堂，并收到一枝鲜花作为他曾经到过那里的物证，假如梦醒后那鲜花还在手中……

实际上，千年前，段成式在《酉阳杂俎》中就提出过博尔赫斯、库布里克和诺兰所关心的问题，并举例：如果一个人在梦中吃了两个樱桃，等他醒来时樱桃核就在身边，那又会怎么样？

"成式表兄卢有则，梦看击鼓，及觉，小弟戏叩门为衙鼓也。又，姊婿裴元裕言，群从中有悦邻女者，梦女遗二樱桃，食之，及觉，核坠枕侧。李铉著《李子正辩》，言至精之梦，则梦中之身可见，如刘幽求见妻梦中身也，则知梦不可以一事推矣。"

段成式听其姊婿裴元裕说，子侄中有一人喜欢邻家女孩儿，后梦到该女孩儿扔给他两个樱桃，便吃了。睡醒后发现：樱桃核就在枕边。对段成式讲述的这个梦，谁能做出明晰的解释？在这个故事中，樱桃作为穿越梦境的物证而存在。

关于梦产生的根源，多认为日有所思，夜自有所梦。或者说，是欲望的达成，是潜意识中想碰到的场面。

佛门认为，梦是想，是忆，是病，是经验，是未来。

道门的观点则更神秘，认为"梦者魄妖，或谓三尸所为"。人的魂成妖即为梦，这好理解，那么三尸呢？在修道者看来，人身体里的每个器官都是有神灵的（体内共三万六千名神灵）。其中，命神或称身神，叫玄灵。脑神叫觉元，发神叫玄华，目神叫虚监，血神叫冲龙王，舌神叫始梁。体内又有三尸神，上尸神叫青姑，令人好车马；中尸神叫白姑，令人好食欲；下尸神叫血姑，令人好色欲。

段成式除提到类似于"柯勒律治之花"的樱桃外，还提到梦与现实的交融问题：表兄卢有则曾于梦中看人击鼓，醒后发现小弟正在叩门。在这里，梦与现实之间的边界是非常模糊的。此外，他还提到刘幽求的故事。刘是武则天时代的大臣，关于他的故事见于白居易的弟弟白行简的《三梦记》中。

白行简在世时，一直在哥哥的光环下生活。跟哥哥不同，他对诗歌的热情一般，而喜欢小说（唐传奇）写作，在二十岁出头时，就写下《李娃传》这样的唐传奇之翘楚。除《李娃传》外，白行简还有一篇不太有名但非常奇特的作品，那就是《三梦记》。开篇中，白行简提出，书籍中不曾记载的诡异之梦有三种，并举了三个故事：

第一个故事就是刘幽求的故事。刘幽求一日夜归，路过离家十余里的佛堂，突听里面歌笑欢畅。刘俯身偷窥，发现堂上有数十人环绕共食，其中竟有他妻子。刘大为愕然，欲进佛堂，但不得入，遂投瓦块，里面的人一哄而散。刘于惊异中归家，妻子刚从睡梦中醒来，告诉刘，她刚才做了个梦，与数十人共游一寺，后会餐佛堂中，但被人搅了饭局。刘细问之，其妻答，不知道是谁从外面往里投掷了瓦块，随后她便从梦中惊醒了。

可以设想此时刘幽求的表情。

第二个故事讲的是，诗人元稹奔赴边塞梁州。出发多日后，白行简与哥哥白居易以及好友名叫李杓直的，同游长安郊外的曲江。后又逛慈恩寺，出来时已是傍晚，随后二白到李杓直的府邸，三人夜宴。席间，白居易说："微之（元稹的字）现在抵达梁州了吧！"说罢，在墙壁上作诗一首："春来无计破春愁，醉折花枝作酒筹。忽忆故人天际去，计程今日到梁州。"这一天是当月二十一日。十几天后，有梁州信使抵长安，其中一封信是元稹寄来的，里面有一首叫《纪梦》的诗是这样写的："梦君兄弟曲江头，也入慈恩院里游。属吏唤人排马去，觉来身在古梁州。"落款日期与白居易题诗之日相同。

第三个故事则讲述官员窦质、韦珣自亳州入陕西，夜宿潼关。入睡后，窦质梦至华岳祠，见一女巫，身着白衣蓝裙，在路边相拜，希望窦质能照顾一下她的生意，接受其祈祷。窦质答应，后问其名，其人自称赵女。醒后，窦质将梦中的事告诉韦珣，后者觉得蹊跷，于是转天二人飞马至华岳祠，见有女巫相迎，模样、衣服一如梦中所见。窦质给了女巫一些银两。女巫拿着银两对同事说："与我昨夜之梦丝毫不差！"韦珣好奇，女巫说："昨夜入梦，有两人自东来，我为其中长须短身者祈祷，得到一些银两。"

三个故事中，第一个讲到的是一个人闯入另一个人的梦中；第二个讲到的是一个人所经历的事在另一个人的梦中出现；第三个讲到的是两个人所做的梦相通。将这三个奇异的梦进行比较，会发现第一个梦更为诡异。

第一个梦中，刘幽求跟《大开眼界》和《盗梦空间》中的主人公一样，进入了别人的梦里。昔日庄子梦蝶，而迷失自己，不知谁变成了谁。对刘幽求来说，迷惘也是巨大的。因为他必然无法断定这一切是现实还是梦境。梦境与现实的边界，同样被白行简模糊掉了。在故事的最后，白行简说："史书中没记载以上三个样式的梦，民间也没有流传过，这三个梦难道是偶然出现的吗？还是有什么冥冥中的缘由？我也说不清楚，只能把它记录下来交给你们评说。"

刘幽求的遭遇，也被唐德宗贞元年间的长安人独孤遐叔和汴州中牟人张生撞见了。

先说张生，别妻出游，五年方还。至板桥（**汴州即开封以西。在唐朝的志怪地理上，这是个怪事多发地带**）时，天色已黑，在草莽中遇灯火，张生藏在白杨后，见到类似于刘幽求所遇之事。

独孤遐叔的故事虽然大同小异，但有一个细节值得注意。

独孤家住长安崇贤里，娶白氏女为妻。曾游剑南，两年而归。行至鄠县，离长安还有百里，因归家心切，抄小路疾行。离长安金光门还有五六里时，天色已晚，不见旅店，树色深处唯有一佛堂。庭院里桃杏繁盛，花香扑鼻，此时临近清明，月色明朗，独孤在堂中西窗下辗转难眠，忽闻墙外人声鼎沸。独孤恐被赶走，于是爬到屋梁上窥视。随后，十来个男女入堂中，把酒夜宴。其中一女郎，面容憔悴，似是白氏女。

独孤大惊，悄悄溜下屋梁，伏于暗处再窥，还真是他妻子。正在这时，宴上一公子举杯对白氏女说：“一人向隅，满坐不乐。我不自量，愿闻金玉之声。”也就是说，想叫白氏女献歌。白氏女没办法，伤感而歌：“今夕何夕，存耶没耶？良人去兮天之涯，园树伤心兮三见花。”这时候，在座一人道：“良人非远，何天涯之谓乎？”（你的丈夫就在附近，又为什么说他在天涯之远呢？）那人说罢，刚才劝歌的公子看了白氏女一眼，哈哈大笑。

在这个故事里，那人竟然知道独孤遐叔就在附近。

即使已诡异如此，上面的故事还是没把所有的奇梦囊括进来。《酉阳杂俎》中，段成式还提到另外两种梦境。第一种梦境，是段成式的秘书沈郸向他提供的，讲的是一则发生在其老家越州的故事：

越州山阴县韩确，自幼爱吃鱼。这一日，在河堰边向一个小吏求鱼。当晚，韩就做了一个梦，自己化身为鱼，泳于深潭。

但好景没多长，便发现有俩渔民张网，将自己捕上来，扔进木桶，用苇席覆盖。随后，又看到那个小吏在潭边跟那俩渔民划价，交易成功后，小吏用草绳从鱼鳃处穿过，令他感到楚痛不已。小吏回家，化为鱼的韩确被其妻置于案板上。不一会儿，韩确就疼得感到皮被刮掉，又感到自己的脑袋被剁下。直到这时，才醒来。韩确惊异地找到小吏，把梦境如实相告，与小吏的经历竟一样。随后，他们一起去市场，还真找到了那两个渔民……

第二个故事，说的是一位长安举人白昼做梦，梦到自己在国子监门口转悠。此时，过来一个背着行囊的人，问举人的姓氏，举人告诉他，那人笑道："你明年春天一定会中进士。"

举人听后很高兴，邀请那人到长兴里的一家毕罗（**西域馅饼**）店吃饭。落座后，点了饭菜，还没开吃，就听到外面有两只狗打架，举人大声说："不好！"就在这时梦醒了。他把所梦之事说给同伴听。

正说着，突然传来敲门声。打开房门，见一人站在门外，直言道："公子，我是长兴里毕罗店店主，您刚才与人在我们那吃饭，要了二斤毕罗，为什么不结账就走啦？我一直在后面追您，看您来到这儿！"

举人惊恐异常，看了看四周，这是梦境，还是现实？于是道："实不相瞒，我与那客人大约是在梦中到您那儿的……"

店主当然不信。

举人说："请问，你上完毕罗后，我们吃了吗？"

店主说："我上的毕罗你们一个也没吃，我还奇怪，以为里面蒜放多了……"

上面两个故事的类型大致相同，主人公韩确和国子监举人于梦中进入了别人的现实生活。也就是说，跟刘幽求的遭遇正好相反。

这样的故事，在唐朝还发生了一些，宰相郑昌图，考中进士那一年，于夏夜在庭院里纳凉，做一梦：跟人打架，被擒拿出春明门，至一石桥才挣脱逃回，其间丢在桥上一只鞋。在醒后，就真的发现床下少了一只鞋。他非常迷惑，但如果不出意料的话，那只鞋子就在那石桥上。

涉及梦境的异闻很多都是超出想象的，有的还带有死亡的气味："枝江县令张汀子名省躬，汀亡，因住枝江。有张垂者，举秀才下第，客于蜀，与省躬素未相识。大和八年，省躬昼寝，忽梦一人自言姓张名垂，因与之接，欢狎弥日。将去，留赠诗一首曰：'戚戚复戚戚，秋堂百年色。而我独茫茫，荒郊遇寒食。'惊觉，遽录其诗。数日卒。"情节很简单，但充满寒意，尤其是那首诗歌，给故事蒙上了一层阴沉的颜色。

钜鹿人魏锦，夜里梦到一个白衣妇人，妇人问他胳膊上为什么贴了薄薄的黄纸。魏锦说没有啊。妇人说，怎么没有？我来帮你揭。说着，魏锦就看到一张黄纸被她从胳膊上揭下来。然后，妇人说，还有一张。就这样，她不断地揭着。到早晨，魏锦醒来，发现自己的一条胳膊上的肉已经没了，而露出了森森的白骨……

可以这样说，梦是人们日常生活中最为怪异而又最容易被忽视的事。

唐时道士秦霞霁，五年如一日，梦到同一棵大树，树上忽开洞穴，有青衣小儿徐徐而出……扬州东陵圣母庙主女道士康紫霞，自言少时梦中赴南岳衡山，峰岭溪谷无不游历。恍惚而返，并生须数十根。

当然不好证明这些事就一定有，但最关键的是又如何证明它们没有？

对于噩梦，古人早就有舍菜蔬于四方，以赠噩梦的习俗。又有使用方相（一种面具，在驱鬼仪式中使用，有四只眼睛，后面会写到）逐梦于四郊的传说。此外，按段成式一个朋友的描述，有一咒语可使夜行安全且能驱逐噩梦：“‘婆珊婆演底’。”

在唐人记载中，有一种东西专门与梦为敌，这就是《酉阳杂俎》记载的“有伯奇食梦”。伯奇被认为是驱鬼仪式中人装扮的神，但实际上一种远古怪兽，它出没在黑夜里，可以进入人体，并乐于穿梭在墓地间。因为按照某种不可思议的说法，人死后坟中还未腐败的尸体仍是会做梦的。当它们的梦被伯奇全部吃掉后，躯体也就开始腐烂了。

关于伯奇嗜好食梦的传说，还有一个更诡秘的背景，说的是：梦并非是虚无的，而是一个具体有形的东西，即众多秘籍中都罕见的"梦人"这种东西，也就是前面提到的道家断定的"魄妖"。

虽然极少数秘籍中提到过梦人，但或含混不清或只言片语。多少年后，欧洲作家帕维奇在其名著《哈扎尔词典》中再次提到梦人，认为梦人不仅仅居住在一个人的梦境里，还可以穿梭在不同人的梦境中，甚至在某些时候能跳出梦境，来到现实世界。

而在遥远的东方，一千多年以前，段成式就在《庐陵官下记》这部未完成的作品中记载了梦人的传说，并讲了一个魔法师捕捉梦人的神奇经历。梦人在唐朝被称为魇鬼（与魄妖相近了），因为它们往往迷惑昏睡之人。故事开始时，三名矿骑卫士正面色冷峻地行进在唐朝土黄色的官道上。

矿骑为唐朝禁军兵种之一，"矿"即迅猛之意。矿骑最大的特点是长于骑射，冷酷果毅。玄宗天宝初年的一天傍晚，三名矿骑卫士来到河北邯郸县境内的一座村庄投宿。

矿骑卫士来到的这座村庄，就经常有魔鬼也就是梦人出现。

在矿骑卫士所投客栈，有老妇对他们说："将军，我庄常有魔鬼出现，你们不要久留，一旦遭遇，必受苦难，今夜入睡，要小心提防。其鬼虽不能伤人，但被迷惑，阳气相失，无益于寿。"

彍骑卫士拜谢。

二更后，两名骑士已熟睡，另一名辗转反侧，蒙眬间，突觉一物飘然而至，其形如鼠，头披黑毛，身着绿衫，手持竹板，附体在一名熟睡的骑士的身上，那人便中魇症。接着，又附在第二名熟睡的骑士身上。很快，就要"魇"到还未睡熟的骑士了。已有防备的他，猛然起身，抓住魔鬼的脚，致其动弹不得。

骑士感到魔鬼之体冷如冰水。

此时，那两名骑士也醒了，三人轮流抓着魔鬼的脚，以防其逃逸。

第二天，骑士们在庄上展示那魔鬼。村人竞相观看，并问了魔鬼一些问题。魔鬼开始时闭嘴不言。

骑士怒道："若不说，当以油锅炸而食汝！"

魔鬼听后大恐，这才开口："我乃梦人，平素居住在你等的梦境中，虽可于梦与现实中穿梭，但不能在现实世界中留住太久，必须按时返回梦境。但是，若能'魇'三千人，则可长期留住在梦境以外的世界。虽然我于庄中'魇'人，但终未相害，还望将军开恩，若将我放掉，我等遁回梦境中，再也不出来了。"

此事被骑士禀报至邯郸县，县尉崔懿详细过问了此事，后来他升任御史大夫，又将此事告诉从弟崔恒，后者把此事说了出来。中唐时的戴孚在《广异记》（著名诗人顾况作序）中亦曾记载此事。戴孚是一个迷恋于狐狸的志怪作家（《广异记》中大批量出现狐狸精的故事）。经过他的改造，造型像鼠的魔鬼或者说梦人，就真的被认为是老鼠精了。所谓"魔"三千人可升级为狐狸，只是戴孚自撰的描述而已。

不过，这又有什么关系呢？

离开魔庄，三名犷骑卫士继续面无表情地行进在唐朝土黄色的官道上。当然，我们也可以认为，这三名卫士就不是什么人，而为伯奇所化。

于是我们知道了世界的神奇。但为什么不相信它是真的呢？一如刘幽求的夜遇，段成式的樱桃，国子监举人的迷惘，以及伯奇的传说和那个梦人半真半假的自述。

云上终南
——隐士的精神

更多的时候，唐朝虽然明丽如花，但隐逸之风却非常盛行。这又不得不提及中国古代的隐逸传统。

士人的隐逸理想自古就有。归隐泉林，"不事王侯，高尚其事""天子不能臣，诸侯不能友"。在印象中，隐逸是道家所独有的。但实际上儒家文化传统的大树上，同样有着隐逸的叶片："有道则见，无道则隐。"不过，这里说的隐，仍是在以"入世为本位"提出来的，或者说是被动的，而并非像老庄道家尤其是庄子之说，完全出自对个人终极价值的追求。这是儒家和道家关于隐逸理想的最根本的区别。明白了这一点，就好理解中国古代那些有关隐逸的人物、文化和历史了。

那么，到底该如何定义隐士？隐士当然不是隐居不仕的人，而是隐居不仕的士。一字之差，谬之千里。否则的话，游走山野的樵夫也算隐士了。还有人认为，所谓隐士，必须"有为政才能而拒绝那样做的人"。这个判断看似没问题，但实际上非常虚妄。为政才能怎么判断呢？像东汉的巨隐严光，北宋的双隐林逋和魏野，当然是非常之纯正的隐士，那么怎么判断他们有没有政治才能呢？

澳大利亚汉学家文青云对于隐士有个说法，"对于任何隐逸而言，关键的要素是自由选择：不管一个隐士出于什么理由出世，或者选择一种什么样的生活方式，只有当他的行动是遵循某种道德选择，而不是迫于环境压力，他才可以当之无愧地被称为隐士。"这个断定是可以的。

当然，在中国古代，还存在着另一种隐士，那就是以退隐作为将来更进一步攀升仕途的方式。唐以前也有这样的传统：士越隐，朝廷越求，不怕给你高官。对于这一类型的隐士，司马迁在《史记》中有过分析："隐居岩穴之士，设为名高者，安归乎？归于富厚也。"他们也许不算真正的隐士，但他们的价值取向却包含在隐士文化里。

现在，当我们谈到隐逸的理想和传统时，总希望找到一个源头。这个源头到底在哪里？在老子那里？在庄子那里？还是在孔子那里？在老子的思想中，没有明确的隐逸说法。所以，我们只能留意孔子。而且，我们确实也发现，在孔子那里，隐逸作为一种理念开始被确定，并对后世产生了极大影响。

儒家学说当然要讲积极入世，"内圣外王"和"修身、齐家、治国、平天下"。孔子一生都在为自己的学说而奔走宣传。但同时，他对隐逸之士又非常推崇，孔子对劝他出仕的人这样回答："吾有布衣之心，子有衮冕之志，各从所好，不亦善乎。道既乖矣，请从此辞。"孔子建立了入世的儒家学说，但同时又有意无意地宣扬了隐逸的理想。"不义而富且贵，于我如浮云""以道事君，不可则止。"这实际上为古代士人的退隐抉择立了一个理由的标牌。

在孔子之后，作为一种与积极用事相对立的士人的价值取向，隐逸越来越显示出其在知识阶层那里的普泛价值，进而形成了一种文化。后面的庄子又把这个概念猛地推了一把，当然他有独属于道家和自己的隐逸观。

在孔子前，对隐逸这件事，可以追溯到哪里？

很多人提到巢父和许由。据说，巢父被尧看中，欲将君位传给他。巢父觉得自己的耳朵被污染了，于是跑到水边去洗耳朵。这时候，有老父牵牛而过，说："你听到此言觉得耳朵被污染了，但又为什么在这水中洗呢，把水也弄脏了，叫我的牛没法喝水。"这是故事最初的版本。后人把巢父的故事安到另一位贤德之士许由身上，巢父则饰演了牵牛老父的角色。无论故事主角是谁，他们都是拒绝天子之位的，所以是高洁之士的代表，被后人尊奉为隐士之祖。

如果说巢父（或许由）的反应还算平和（顶多是洗了一下耳朵），那么务光和卞随就激烈得多了。汤伐暴桀前，找隐士卞随、务光商量，二士皆答"吾不知也"，后来汤有天下，欲把天子之位让给二人，他们认为受到了玷污，最后投水而死。后面的伯夷、叔齐就比较熟悉了，因周灭商而不食周粟，逃隐于首阳山，以采集野菜为生，后听人说周有天下，即使是野菜也是周的，于是二人饿死。

春秋时代的隐士，有晋文公时的介子推，此人有恩于文公，但文公返国后，他不愿为官，隐于绵山。文公叫人放火烧山，为的是逼出他来，没想到将他烧死。当然，还有一个版本，说他逃出了绵山，继续做了隐士，三十年后，有人于东海边见其卖扇。说到这里，有人会提到买卖做得更好的范蠡。他在协助越王勾践复国灭吴后，选择了急流勇退，在漫游和经商中度过了剩余的岁月，而且经商尤其成功，被认为是儒商之祖。

严格地说，范蠡不算一个纯正的隐士。但身上的隐退思想却值得注意。范蠡执政懂国，作战知兵，经商熟悉市场，其经营之道颇具原创性。作为一个人物，实在不简单。范蠡是进退有据的士人，这一点为后世树立了榜样。谈到这个人，很多人的观点是：既有儒家入世之心，又有道家出世之道。如果仔细品读，会发现，他还有杨朱"贵生"和"重己"的思想，对个人生命的保存与欢愉非常地珍视。这一点对后来士人的隐逸观念是有影响的。

孔子虽然提出了隐逸的概念，而真正把这个概念做大的，是独一无二的伟大而神奇的庄子。这个宋国人，这个做过漆园吏的人，确实打开了中国士人心灵最辽阔的一道闸门。一般都以老庄并称，实际上二者是不一样的。老子的哲学从小处讲是政治哲学，往大里讲是宇宙哲学；而庄子的哲学是人生哲学，完全针对个人。

他是一位真正的隐士，由他开创的思想对后代士人的影响有多大？怎么夸张地说都不过分。

庄子学说中最大的亮点，当然是他强调的自由与独立的精神。在他看来这比什么都重要，所以他为我们描绘了一个逍遥游的境界。所以即使楚威王许以国相千金，他仍一笑了之："千金，重利；卿相，尊位也。子独不见郊祭之牺牛乎？养食之数岁，衣以文绣，以入大庙。当是之时，虽欲为孤豚，岂可得乎？子亟去，勿污我！我宁游戏污渎之中自快，无为有国者所羁，终身不仕，以快吾志焉！"庄子的话没任何商量和折中的余地。也正是这种决绝为庄子赢得了不朽。

但有一点值得注意，庄子提倡隐逸，并非一定叫人回归山林。在他看来，最重要的是与当权者保持距离。这是庄子隐逸理想的一个特点。

庄子对卞随、务光、伯夷、叔齐这样的人是不屑的，他认为他们并没真正达到一种隐士的理想之境。因为对一个真正的隐士来说，并不存在一个为了政治立场而付出生命的理由。庄子的这个观点是可以接受的。战国时，除庄子这样纯正的隐士外，隐于山林的还有像鬼谷子这样的纵横家和陈仲这样的高洁之士（"上不臣于王，下不治其家，中不索交诸侯"），后者出身齐国贵族，但心厌仕途而情系林野，居于石室，接饮甘泉，在当时影响很大。孟子在谈到他时，称"齐国之巨擘。"

从秦朝建立到西汉之初影响最大的隐士是"商山四皓"：东园公、夏黄公、绮里季、甪里先生。东汉章帝时的隐士梁鸿"仰慕前世高士，而为四皓以来二十四人作颂"。由此可见此四人在那个时代所具有的地位。四人最大的特点：一年岁高，二德行深，三知进退。在传统的看法中，认为真正的高士，并不是说永远待在山中，而是说知道何时扶世，何时潜隐。

四皓本是秦博士，秦末避战乱，潜行入商山。西汉初，刘邦欲请之出山，被四皓拒绝。汉初建，刘邦在选接班人问题上很头疼，太子盈虽贤良却儒弱，刘邦有意立戚妃之子如意。这是个大问题。秦二世而灭，一个关键细节，即废长立幼，所选非人。当时，吕后和张良很着急，但又劝不动刘邦，只好以太子之名请四皓劝刘。四皓为避免天下再陷动荡，慨然出山。

刘邦平叛归来，于宫中设宴，见四位巍然老者侍于太子身后，问之为谁，答曰："商山四皓。"刘邦问此时何以出山？答："太子礼贤下士。"刘邦后再无废太子之意。太子即位为汉惠帝，欲封赏四皓，四人不受而去，重返商山。四皓之高，就在于进退有据。

四皓之后，西汉有名的隐士，仅有汉成帝时的陕西郑子真、四川严君平。后来王莽篡汉，"是时裂冠毁冕，相携持而去之者，盖不可胜数"。但当时的隐逸之风只是出自对"正统"的维护和对新政权的不接受，跟伯夷、叔齐一类没有本质区别。

一般来说，乱世隐，盛世仕。但东汉不是这样。无论是这个王朝初期蓬勃发展时，还是中期乱象初生时，再到末期无法收拾时，都流动着一股壮观的隐逸潮流。这就是东汉在士人隐逸史上具有独一无二的地位的原因。东汉历代皇帝都非常尊重隐士的传统，映照在社会上，使当时有一种"以不仕为德高"的隐逸情结。

这种传统与王朝之初出现的巨隐严光有直接关系。

王朝更迭时，往往社会会发生大动荡，这时候就会有一批人出山建立功名，另一批人入山避于林泉。而新王朝建立后，皇帝为展示宏大气象，同时也是出于对百废待兴的国家的恢复，就会征召隐士出山参与王朝的巩固与建设。刘秀即如此，所以东汉之初，全国各地都贴着征召贤良的公文。当时有很多隐士确实重新返回了岗位。

但最有资格的严光却拒绝了。

他是皇帝的老同学，早年曾和刘秀一起在长安读书。刘秀曾亲自去请严光，但后者高卧不起，刘秀上前，抚严光腹部，说："子陵！不肯出山相助，为何？"严光睡而不应，过了半天，慢慢睁开眼："昔唐尧著德，巢父洗耳。士故有志，何至强迫！"刘秀说："子陵！我竟不能请你出山吗？"于是叹息而去。

刘秀仍不放弃，又请严光到皇宫，两人长卧回忆往事时，严光将脚搭在刘秀的肚子上，皇帝也没有脾气。但仍无法说动严光。严光是中国历史上第一个最为纯粹的隐士。他的隐逸与政治立场没有关系，而是完全出自于个人的价值观。最后，他离开洛阳，返回富春江，在那里以垂钓度过余生。

严光对后世士人影响极大，成为东汉以后隐士的标杆。

北宋范仲淹在《严先生祠堂记》中写道："云山苍苍，江水泱泱；先生之风，山高水长。"

但后世对严光于清明之世、遇英明之主仍拒而不出的做法持严厉批评。

南宋杨万里《读〈严子陵传〉》："客星何补汉中兴，空有清风冷似冰。早遣阿瞒移汉鼎，人间何处有严陵！"

朱元璋《严光论》说得更厉害："汉之严光，当国家中兴之初，民生凋敝，人才寡少，为君者虑，恐德薄才疏，致民生之受患，礼贤之心甚切，是致严光、周党于朝。何期至而大礼茫然无所知，故纵之，飘然而往。却仍凄岩滨水以为自乐……假使赤眉、王郎、刘盆子等辈混淆未定之时，则光钓于何处？当时挈家草莽，求食顾命之不暇，安得优游乐钓欤？！……朕观当时之罪人，罪人大者莫过严光、周党之徒！"总结出来一句话：如果不是刘秀收拾乱世，哪有你在江边安然垂钓的机会？

明末王夫之亦说："遁非其时，则巢、许之逃尧舜，严光、周党之抗光武也，非其义，则君臣之道废，而徒以全躯保妻子为本，孟子所谓小丈夫也。"

话虽如此。但严光的个人选择仍是值得肯定的，因为他的选择是忠于自己内心的。

东汉士人普遍的隐逸情结跟魏晋名士还不一样，他们更多的是来自道德上的标准，也就是"守节"，认为隐是高于仕的（"志意修则骄富贵，道义重则轻王公"），而不是像魏晋名士那样来自于对个体生命意识的自觉。

除严光外，东汉还有周党、王霸、樊英等著名隐士。关于东汉隐士气节之高，在周党的答复中可以看出："天子有所不臣，诸侯有所不友。"他们在权力面前保持着人格的高贵和独立，坚守自己最初的志向而不移。这实际上是隐士文化中最光辉的部分所在。

对东汉后期来说，政权的无望又从另外一个角度导致了隐逸风尚的出现；而一旦大批有才有德者都归向了山林，那么反过来又加速了当时政权的崩溃。《后汉书》"陈纪传"："汉自中世以下，阉竖擅恣，故俗遂以遁身矫絜放言为高。"尤其是"第二次党锢之祸"后，作为"清流"几乎已经无法在朝廷上立足。这时候，就只有两个选择了：一是化为浊流，难得糊涂；二是归隐林下，或讲学，或全隐，于是出现了东汉"末世三隐"：黄宪、郭泰和徐稺（徐稚）。

先说黄宪。他累世贫困，但学识、德行极高，名重一时。很多名士见了黄宪，都"茫然有所失"，其中周子居说："吾时月不见黄叔度，则鄙吝之心已复生矣。"时陈蕃为太尉，以征召天下高士为己任，曾站于朝堂上叹道："假如黄叔度在此堂上，吾不敢先佩印绶矣！"陈蕃，中汉后期天下士人的领袖，仍有此语，可见黄宪名气之大。

实际上，当时黄宪既没说过倾世之言，更未做济世之事，但却仍名播天下，这正是隐士最诡秘也最神奇的地方。名士间，惺惺相惜，当时推崇黄宪之人不胜枚举，除陈蕃外，就是郭泰。他称黄宪："汪汪若千顷波，澄之不清，淆之不浊，不可量也。"

郭泰早年是洛阳太学生中的领袖，与陈蕃、李膺过从甚密，他"身高八尺，容貌魁伟"，以博识和洞察力强而著称。郭泰初到洛阳，跟众多太学生一样，去拜访时任河南尹的李膺。官风"峻整"的李膺在威望上仅次于陈蕃，在洛阳能被李膺接见和认可，被称为"登龙门"。李膺对郭泰一见如故，大为欣赏，说："士子我见多了，但未有如郭林宗者。"就凭这一句话，郭泰便名满京城。

后来，郭泰和李膺褒贬人物，品评朝政，开一代风气。所以，郭泰回故乡讲学，辞别洛阳时，前来送行的名流的车辆超过千乘。回乡后，从其游学的弟子多达几千人。郭泰是陈蕃、李膺死后，东汉后期影响力最大的人。同郡名士宋冲称其："自汉元以来，未见其匹。"

在东汉后期的三隐中，郭泰居北地，黄宪居中原，南方的隐逸代表，则是徐稺。

唐代王勃在千古一赋《滕王阁序》中说："物华天宝，龙光射牛斗之墟；人杰地灵，徐孺下陈蕃之榻。"徐孺即徐稺，他博览群书，无所不通，但有自己的价值标准，所以坚持不仕。汉顺帝时，陈蕃为豫章太守，一到任就直接去拜访徐稺。手下阻拦："您应该先去官署。"陈答："周武王在车上看到商朝贤臣商容寓所的门，便站起来致敬，以致车的座位都没时间被暖热。我现在去拜访高士，有何不可？"

陈蕃和徐稺一见如故，经常彻夜长谈。为此，陈蕃专门在寝室为徐稺准备了一张床，聊得太晚了，便把他留下过夜。陈蕃希望徐稺出来为朝廷效命，但徐稺不为所动。因为徐知道东汉政局已回天无力。他很欣赏陈蕃意欲挽狂澜于既倒的志向，只是他觉得那于事无补了。陈蕃到朝廷上工作后仍向皇帝推荐了徐穉："我见豫章隐士徐穉、彭城姜肱、汝南袁闳、京兆韦著，颍川李昙，都是高德之士，为世人所知，如果请他们出山，出任三公，将是国之大幸。"

桓帝下诏征五位隐士入朝，但没有一个人肯出山。

当时，徐穉在山中读书、耕种、自食其力，在其影响下，当地民风淳朴清正，世所罕见。这是隐士的力量。

徐穉虽然守志隐逸，但心中不忘那些推举过自己的人。在陈蕃来之前，太尉黄琼已举荐过他了，后黄琼去世，徐穉从江西徒步赶往江夏吊唁，因为身上没盘缠，所以一路以给人磨镜子挣出路费。在江夏，参加葬礼的名士很多，包括郭泰。但徐穉哭完就走，郭泰叫人追赶，谈到东汉时局，徐穉告诉来人："请替我向郭林宗致谢，大树将倾，非一绳可以维系。"及至郭泰的母亲去世，徐穉又千里迢迢地从江西赶往山西，古代时这一路上经历多少磨难，是可想而知的。

到了山西，徐穉在郭母墓前放了一束春草，并不见郭泰而返回南方。

及至建安时代，管宁代表了北方的隐士，南方则出现了以庞德公、司马徽、崔州平、石广元、孟公威、徐庶、诸葛亮、庞统为代表的荆襄隐士群。他们有的原籍荆襄，但更多的是躲避北方战乱而隐居于此，一方面这里比较安定，另一方面清幽的山水，为他们提供了隐居所需要的物质条件。这个群体的出现，是东汉后期士人由群体抗争转向自我精神独立的一个标志。

从远景看，荆襄隐士群是一种消极与逃逸的姿态；但于近景看，他们在人格上又是一种自觉和上升的姿态。其中的徐庶、诸葛亮、庞统选择了出山，尤其是后二人，所代表的是隐士的一种类型：遇明主和时机成熟后，即由隐退而转为入仕。这样的人物，后世还有东晋谢安、前秦王猛、隋朝苏威、明朝刘伯温等人。但荆襄隐士群中的更多人选择了终身隐逸。

"隐，保全自身而已，不能保全天下，故非大道。"刘表曾这样对庞德公说。作为这个群体的精神领袖，庞答："鸿鹄巢于高林之上，暮而得所栖；鼋鼍穴于深渊之下，夕而得所宿。夫趣舍行止，亦人之巢穴也。且各得其栖宿而已，天下非所保也。"也就是说，出仕和归隐，各行其志，无高低之分。

至于竹林七贤，他们中的人，无论是阮籍，还是嵇康，都不是真正的隐士，而只是在野之士。后来著名的隐士，早期的谢安算一个，玄言诗人许询算一个，他们代表了典型的兰亭时代的隐士风范：一方面保持着隐士的精神姿态，另一方面又不拒绝富贵的物质生活。这里只说许询。

许询是当时的名士，但又终身布衣。他的一生除了清谈外，就是把自己置于江南清秀的山水间。他在喜欢山水这一点上和晚年的王羲之一样。许询曾隐居于萧山："乃策杖披裘，隐于永兴西山。凭树构堂，萧然自致。"以登山临水为乐。朝廷一次次地征召他，他一次次地拒绝。许询有高逸之趣，但又不拒绝在京城为官的朋友和仰慕者赠送的珠宝，所谓"许玄度隐于永兴南幽穴中，每致四方诸侯之遗"。

许询用这些钱在山中为自己修建了豪华如仙宫的别墅。这在后世看来是不可思议的，但在一切讲求率性自然的魏晋时代却可以。当然，也有人非议他，而许询说："比起把天下让给我，收些珠宝又算什么？"

戴逵是当时的另一著名隐士，古琴、绘画、雕塑，无所不精，所以他的隐逸生活充满了艺术的气息。早年时，京城权贵闻其大名，想听他弹琴，戴逵有高节，砸琴以明志："戴安道非王门伶人！"由此名声更甚。戴逵也终身不仕，后隐于会稽剡县，更因王徽之"雪夜访戴"而为世人所知。

东晋的隐士在后期有包括陶渊明、周续之、刘遗民在内的"浔阳三隐"。

作为隐士诗人之宗，陶渊明曾多次出仕多次归隐，四十岁之后彻底过起田园生活："少无适俗韵，性本爱丘山。误落尘网中，一去三十年。羁鸟恋旧林，池鱼思故渊。开荒南野际，守拙归园田。方宅十余亩，草屋八九间。榆柳荫后檐，桃李罗堂前。暖暖远人村，依依墟里烟。狗吠深巷中，鸡鸣桑树颠。户庭无尘杂，虚室有余闲。久在樊笼里，复得返自然。"（《归园田居》）这是一个时代即将结束时的士人的选择。

在《饮酒》中，诗人则写道："结庐在人境，而无车马喧。问君何能尔，心远地自偏。采菊东篱下，悠然见南山。山气日夕佳，飞鸟相与还。此中有真意，欲辨已忘言。"和前代比起来，魏晋隐士在钟情老庄上表现得更明显，无论是陶渊明，还是刘遗民，抑或周续之，都倾心于《老子》《庄子》。尤其是陶渊明，在《桃花源记》中为我们描述了一个带有老子风格的"小国寡民"的世外理想之境，千年以降引得后人探寻和追慕。

三隐与庐山高僧慧远关系密切，并加入了莲社。这是一个值得注意的动向，表明佛教对中国隐士有了影响。与渊明同时的宗炳，在具有隐士身份的同时，还是那个时代第一流的山水画家。朝廷屡次征召其出山，皆被拒绝。他是继许询、王羲之之后，又一个狂热的山水爱好者。按史上记载，他"每游山水，往辄忘归"。"爱远游，西陟荆、巫，南登衡、岳，因而结宇衡山。"他潜幽谷，行远山，达三十年之久。晚年时，不能再远行，于是把自己曾去过的山水都画于家中墙壁上："抚琴动操，欲令众山皆响。"

随后的南北朝，隐逸之风在继续。到唐朝时，更为兴盛。但不同于六朝的是，唐朝的隐逸之风中有一点值得注意：很多隐士具有宗教背景。比如，司马承祯、陆修静、成玄英、叶静能、张果、罗公远都是当时名重一时的道士，大多受到皇帝的接见和册封。后来的"青城五隐"也有这个背景。此外，唐朝很多隐士之所以隐，往往是早年有志于功名，由于进士难考，屡试不中，于是选择另一种人生，如孟浩然。他一生不仕，有一个曾考进士不中的背景，于是"鹿门月照开烟树，忽到庞公栖隐处。岩扉松径长寂寥，惟有幽人自来去"。

同时，也有另外一种情况：以隐逸作为进入仕途的阶梯，代表人物是卢藏用。

卢实际上考中了进士，但由于暂时没被授予官职，所以直接去了长安旁的终南山隐居，以退为进地等待朝廷征召，后来果然以高士的身份被授官左拾遗。另一名隐士司马承祯则坚持不仕，返回天台山前，卢藏用为之送行，指着终南山说："此中大有嘉处。"意思是，在这里隐居就可以了，何必远赴天台？承祯答："以仆视之，仕宦之捷径耳。"

甚至李白也有过这样的经历。看他的档案，观其一生至少隐居五次，甚至一度还模仿竹林七贤，与孔巢父等人搞了个"竹溪六逸"。他被征召到长安出任翰林学士，隐逸的背景给了很大的推力。宋士对唐人的这种做法是看不惯的，《新唐书》："然放利之徒，假隐自名，以诡禄仕，肩相摩于道，至好终南、嵩山为仕途捷径。"

值得一提的是，唐朝时代用隐逸作为入仕途的敲门砖，跟东晋时那种先隐后仕有着巨大的区别。东晋时，后来做官的隐士，在最初隐居时，大多还真是没有为官的理想。但是，唐朝时就不同了。也就是说，一个是有意识的，一个是无意识的。

至于为什么偏偏是终南山和嵩山，可以从南北朝时陶弘景那里找到线索。此人是古代隐士中的一种类型。他三十六岁辞官，"脱朝服挂神武门，上表辞禄"，后隐居于茅山。陶弘景深知广谋，梁武帝萧衍建梁前，与陶弘景过从甚密。后萧称帝，朝廷每有大决策，必派使者入茅山征求陶弘景的意见，"书问不绝，冠盖相望"，时人称之为"山中宰相"。陶本可以隐居到更远的名山，但却没这样做，而是隐居在了离京城建康（今南京）很近的茅山。从这个细节可以看出，他是有想法的人：因为离京城近，皇帝才可以跟他形成互动。在追逐自然适意的人生体验的同时，又参与着国家大事的制定，取得隐士与权力的两全。对他来说，权力角色未必是其终极追逐的，他也许只是把决断国事当作构成隐士价值的另一个部分。但这需要与京城保持着适当的距离（地理上的距离和精神上的距离），这个度是不好拿捏的。但陶弘景很好地完成了这个角色。

回到唐朝。终南山和嵩山，一个离长安近，一个离洛阳近，而且一个是道教名山，一个是佛教名山，崇道信佛的唐朝皇帝们基本上就在这两都之间转悠，所以隐居在这里会很容易地被朝廷发现。说起来，当时终南山的隐士文化也确实盛大，"天下修道，终南为冠"。这种文化一直流传到现在，甚至引得美国禅宗爱好者波特跨过大洋进入终南寻找当代隐士，并写成名著《空谷幽兰》。

唐有卢藏用，也有李泌。

李泌同样有道士背景，最后却做到了宰相。他的传奇当然不在于此，而在于他进退有据。

时逢安史之乱，李泌为唐肃宗近臣，为平叛出谋划策，深得皇帝欣赏，虽还没做宰相，但却"权逾宰相"。李泌虽得宠，但有保身之道，"泌有谋略而好谈神仙诡诞"，给竞争对手的感觉是无意于世俗功名，他与肃宗有约："俟平京师，则去还山。"后长安收复，李泌就真的告别皇帝，去衡山隐居了。后世事风云，他几出几隐，唐德宗时代，被招回长安出任宰相。

李泌深具儒道两家的气质，既能从儒家的角度为国家建功立业，又能很好地践行修身养性的道家理想，无论是出山还是退隐，都心怀平和，荣辱不惊，这在古代是少见的。

　　"隐士"二字从字面上讲，一为隐，一为士。在哪里可以隐呢？自然是峰峦叠翠、林木清幽的山水间。华夏本来就多奇秀山水，在进入工业社会前，在农耕时代里，没有环境的污染与破坏，那时的一山一水，更有古朴的魅力。古时中国，隐逸名山有：终南山、嵩山、华山、庐山、衡山、天台山、四明山、青城山、武夷山、太白山、罗浮山……在山水间旅行、读书、弹琴、品茶、修道、参禅、诗歌、书画、互访……这种生活既孕育了山水诗歌（或称之为隐逸诗歌）和山水画，反过来又使隐士文化本身显得深幽可人。

　　东晋前，即使严光隐居于美丽的富春江，在他那里，第一重因素也是出于对人格和精神独立的坚守。而东晋之后，士之隐，虽也存在着严光心理，但纯粹的山水审美和由此带来的生活取向已日益显得重要起来。再后来，山水情结由停留于欣赏自然景观上升为一种陶冶心性的生活，最后至唐宋时化为一种人文情怀。正如李白所写："群峭碧摩天，逍遥不记年。拨云寻古道，倚石听流泉。花暖青牛卧，松高白鹤眠。语来江色暮，独自下寒烟。"诗中既描绘了自然的美景，又追慕了隐士生活的清幽，还表达了一种生命的理想状态。

　　无论如何，在权力和主流的对面，隐士树立了一种别样的人生样式和价值观。这种价值观所包含的是人格的高贵、精神的自由、志向的坚守和选择的决绝。至于他们在幽美的山水中为后人开辟出一条欣喜的精神道路，便是一朵对当时的他们来说无所谓的附丽之花了。

最后的士族

——中古贵族启示录

　　人们有一个错觉，认为中国的门阀士族只存在于魏晋南北朝，其实直到晚唐时他们仍占据着社会地位的最高点。不过，残唐（懿宗去世后）到五代时，门阀士族如恐龙灭绝般突然断崖式地从社会上消失了。很多人认为大规模战乱，令士族遭到重大打击并使牒谱尽散，但问题是两晋间的“永嘉之乱”更为动荡；有人则指出是因为科举的普及，但实际上直到晚唐科举取士的数量也极为有限，且士族依靠家学和官宦网更可以在考试中占尽优势。至于隋朝建立后取消九品中正制，也没有在事实上影响门阀青年们入仕，更遑论对士族社会影响起到干预性作用。

　　明万历二十六年（1598），一块东汉石碑在河南出土，上面刻有篆书碑文，但没引起人们的注意。后来，这块石碑被移到偃师的一个村庙中做案子。当时碑文朝下，仍旧没引起人们的注意。到了1930年的时候，它重新被发现。但1938年以后它又不知去向了。最后到1961年8月，它在偃师扒头乡政府院里被再次发现。考古人员最终确定，它的主人就是三国袁绍的先人——东汉大臣袁安。袁安（其先人可追溯到祖父袁良，西汉平帝时太子舍人、广陵太守），汝南人，东汉明帝永平三年，也就是公元60年春，以孝廉除郎中，正式进入仕途。

　　这是揭开八百年门阀士族或者说世家大族大幕的一年。

袁安最后做到司徒，自此以后，汝南袁家四世五公，显赫于东汉；几乎同时，弘农杨震一族崛起（其先人可追溯到高祖杨敞，西汉昭帝时丞相，封安平侯），四世三公。这两支中古士族的崛起，首先依靠的是家学（对《诗》《礼》《易》《书》《春秋》等儒家经籍解释权的掌握和世代传递。其中，汝南袁家世传孟氏《易》，弘农杨家世传欧阳《尚书》。有学者对此提出疑问：何以西汉家学兴盛却没产生世家大族？田余庆先生举了千乘欧阳生的例子——八代传《尚书》）。

　　事实上，世家的崛起最终依靠的是东汉中后期流行起来的社交网络（后来则主要依靠联姻），即名士间的游学互访和品评推荐，以此获得士林中的名望，再通过察举制和曹魏时确立的九品中正制进入仕途。社交网络确实重要，这也是魏晋人物品评之风大盛的由来。但它类似于东风和助力。世家大族产生的基础和支点，实际上仍是家学。在最初的时候，它好比是一个资格准入证；而世家大族的地位得以确立后，它又是保持学识骄傲的内心依据。此外，东汉中后期世家大族迅速崛起，跟"党锢之祸"有着直接的关系。顾炎武说："三代以下风俗之美，无尚于东京（东汉）者。"这里的风俗指士风。对东汉士人来说，他们几乎都有一种这样的冲动：努力使典籍中的儒家的理想人格在他们身上得以具体化。在东汉，察举制这个由下而上的选官制度大兴，"举孝廉"和"举茂才（秀才）"成为两大项。你在地方上被发现的前提当然是具有德行上的美誉。这在后世看来是一个高要求，但在东汉却是一个基本的东西。

在东汉中后期宦官、外戚乱政的背景下，东汉刚直的士人一直坚持着家国理想和社会担当，为挽救东汉的大厦而做着一次次努力（袁、杨之后，公元 147 年，著名大臣李固在桓帝初年因与大将军梁冀对抗而下狱身死，开其先声）。

东汉初期政治昌明，社会前进，但自中期汉和帝起，外戚和宦官相互争斗，后者又占据优势，上蒙天子，下预朝政，贪暴骄横，把东汉后期的政治搞得很糟。在当时，作为大臣只有两个选择，一是依附在宦官周围，二是不与之合作，寻找机会力转乾坤。选择后一条道路的士人慢慢形成了一个松散的集团，也就是我们说的清流。当时，名士多以群体的方式出现："三君"（陈蕃等三位名士）、"八俊"（李膺等八位名士）、"八顾"（郭泰等八位名士）……他们品评人物、议论朝政，其中标志性人物是李膺（"李元礼风格秀整，高自标持，欲以天下名教是非为己任"）、陈蕃（"陈仲举言为士则，行为世范。登车揽辔，有澄清天下之志"）和郭泰。郭泰既是东汉末太学生领袖，又是一代名士，他身材高大，面相英俊，风神秀朗，学识皆佳，又极富口才，与李膺交游，清议推为第一。后退居故乡授学，弟子达千人。其人在当时极富影响。东汉末年以来品评人物的风尚，就是由他和李膺在互动中开辟的。那一代士人深具责任感，掀起一种用言论去改变面前世界的浪潮。

此时，在宦官、外戚、清流三个集团中，在与宦官的争斗中失败的外戚实际上已被淘汰，剩下也就是宦官集团和清流集团的对决了。直接导火线是：汉桓帝末年，河南尹李膺弹劾前北海郡太守羊元群贪污。羊买通宦官，反定李膺之罪，引起"清流"系列抗议。后宦官污称李膺与太学生互相交结，形成朋党，桓帝下令逮捕李膺等人，定其党人亲族门生不得为官，是为"第一次党锢之祸"（桓帝延熹九年，公元166年）。

灵帝建宁二年（169）"第二次党锢之祸"爆发。

灵帝时，皇后窦氏临朝称制，其弟窦武主持朝政，窦为人刚直，出面解除了党禁，并联合陈蕃欲诛灭宦官，但又失败了。事件中，年过七十的太尉陈蕃率八十多个门生持剑冲进承明门，欲与宦官拼命，最后悲壮而死。对当时天下士人的领袖陈蕃来说，他有多次机会隐退，但却没选择那条路，他有自己的信念："以遁世为非义，故屡退而不去；以仁心为己任，故道远而弥厉。"最终，殉难于国。转年，宦官为彻底压倒清流，污其为"钩党"，"相举群辈，欲为不轨，是谓钩党"。李膺下狱，最终被处死。陈、李受难之后，宦官禁止这些名士的门生故吏、族子兄弟出仕为官，导致"天下豪杰及儒学有行义者"皆为党人，是为"第二次党锢之祸"。

陈蕃死后，李膺为天下士人领袖。李膺再死，而享有盛誉的太学生郭泰也已退隐故乡，至此天下士人再无领袖。但是，天下士人的同心感加速了。当时士林中的社交网络，正是在这种背景下织罗起来的。东汉后期的一天，颍川陈寔带着家族子弟拜访荀淑一家被认为是个著名的例子。据说，当晚掌管天文的皇家官员都发现夜空中星辰汇聚。陈寔去世后，全国各地、朝廷上下前来吊唁的人有多少呢？超过三万！名士的影响力已经越来越大。

陈蕃、李膺二人刚直清正的气节成为那一代士人乃至中国古代士人的典范。但二人死后，挽救东汉大厦的努力实际上已宣告失败，后继的士人已回天无力。加上陈、李的门生都被禁了官路，想出仕也没希望了。那是大动荡即将到来的年代和三百年大雨的前夜。在严酷的背景下，很多士人不得不选择归隐与放旷，普泛的人生选择造成了社会的集体转向，除导致儒学在东汉末年的彻底崩溃外，更重要的是完成了天下士人的同心感。当时的很多人都有一种末世心怀。江西隐士徐稺曾叫人给名士郭泰带话，他把东汉末之情势比作大树将倾，以一人一绳之力于事无补。郭泰后来退居故乡山西，也曾这样说："吾昼察人事，夜观乾象，天之多废，不可支也。"在这样的时代前夜，很多士人经历了由儒学转向玄学的变化。他们返身而行，与庙堂渐行渐远，向着个体生命的深处回归。

当年刘邦消秦灭楚，开国功勋多是布衣。经两百年沉淀，当刘秀建立东汉时，所依靠的已是豪族集团（南阳）。东汉一代，地方上的世家大族已经坐强。在这里插一句，美国汉学家伊沛霞把东汉到唐末的士族理解为"把做学者当作入仕途径的家族"（Scholar-Official Families），世族则为"独立于朝廷全面控制之外的（自治）、享有世袭高等级身份的贵族之家（威望）"。她把"门阀"译为 Great Bureaucratic Houses，把"世族"译为 Hereditary Families，把"门第"译为 Great Houses。

东汉后期到三国时代，汝南和颍川并称天下士人之渊薮，两地人才辈出，汝南袁氏、颍川荀氏、颍川陈氏、颍川钟氏都兴盛一时。为此，孔融还专门写了篇文章，探求两地谁更胜一筹。最后，曹操依靠颍川谋士集团（荀彧、荀攸、郭嘉、钟繇、陈群等），击灭了汝南袁绍，至曹丕篡汉，在陈群的提议下，确立了被认为是保护士族累代做官的九品中正制。但实际上，这个选官制度最初的出发点，仍是不拘一格降人才。

三国时代，是世家大族迅速膨胀为门阀士族的时代。

司马懿在七十岁垂垂老矣发动"高平陵之变"，诛灭专权的曹爽集团的胜利，为最终西晋代魏铺平了道路。晋之所以能取代魏，除了司马祖孙三代：懿、师、昭、炎的智商和权谋太强外，还有一个最重要的原因，曹家来自寒族，从曹操那里就搞严苛的法家政治；而司马家本身就有着高门背景，来自东汉以来的典型的世家大族，掌权后对广大士族实行宽松的政策，所以在曹家政权没有失去民心的情况下，司马家仍得到了朝廷上的世家大族的认同和支持，这样就可以理解西晋取代曹魏这件事了。

后来，学术界把"高压政治"四个字专门配备给司马家，认为这个家族"镇压名士"。这是大错特错的。前面我们说过，司马家来自士族高门，对名士有天然的认同感。当年曹操杀杨修杀孔融，为何不说是"高压政治"？为何无人指责其"镇压名士"？司马懿杀何晏，纯粹因为他是曹爽集团的人；司马师杀夏侯玄，则是因为他属反对司马家政变集团中的一个链条；司马昭杀嵇康，情况虽然稍有不同，但仍跟"镇压名士"没丝毫关系，仅仅是个案而已。

举"竹林七贤"阮籍的例子。

史上说阮籍有济世之才，但由于时局多乱，不得不把自己埋得很深。阮籍寄情于酒，往往独自驾车狂奔，至绝路，大哭而返。

阮籍的人生哲学来自庄子，对倾轧无常的官场不那么喜欢，但又不得已而置身其中，有一种自我价值的泯灭感和压抑感，故说其胸中垒块须用酒浇之。

阮籍每每着司马昭大将军的面"箕踞啸歌，酣放自若"。有人指责阮籍母丧时仍饮酒如常大伤名教之礼时，司马昭笑道："君为何不能宽容他？且病时饮酒吃肉，原本也是合乎丧礼的！"

看上去，大将军和阮籍在心灵上有一种默契（**这也是后世很多人指责阮籍的原因**）。无论阮籍做多出格的事，司马昭都会一笑了之。但实际上，除了司马昭真心喜欢阮籍外，还有一点，那就是：司马家族对士族天然的袒护。

西晋开国皇帝司马炎以名士为朝廷之宝。

开国之帝多权谋，亦多阴鸷暴鄙，有宽宏之性的只有两人：刘秀、司马炎。

后者更过前者。前者宽宏多出自本性，后者宽宏雅致，本性之外，更染上时代士风。这位皇帝身边既有贾充、杨骏这样的角色，但也有卫瓘、羊祜、杜预、王濬这样的人物，放在哪个朝代，能文能武的他们都不逊色。

司马炎的时代，他努力尝试着在朝廷上推行君主与名士共治国家的制度，这一点是尤其值得注意的。换句话说，晋代在中国的政治文化中占据独特而重要的位置。但是，这一点被后人忽略了。更多的人，谈起晋代尤其是西晋，除奢华外就没什么印象了。这是个巨大的错觉。

司马炎一方面爱慕名士，同时又有意识地抑制东汉以来形成气候的地方豪族。后来，人们常拿他好色说事。实际上从好色方面指责一个帝王没有任何意义，更何况他下令叫州郡二千石以上官吏的女儿入宫选拔，只是出于抑制豪强家族之间的联姻而并非为了淫乐。

西晋时虽然有奢华之风，但作为皇帝的司马炎却非常节俭。他到名士王济家吃饭，见宴会豪华，于是没等夜宴结束就告辞了。他为人极为宽厚，历史上的开国之君，往往对前朝天子痛下毒手，司马炎却恰恰相反，不但厚待魏、蜀、吴三国的末代皇帝，还善待蜀吴两地的人民，一次性免除赋税二十年，这在古代是极为少见的。

司马炎非常呵护自己的大臣，听说和峤家有好李子，想品尝一下，但和峤为人吝啬，只给他送来了几十个。司马炎并不怪罪，觉得能吃到和家的李子就很满足了。中古时代的这种带有名士风范的帝王放在后世尤其是明清时代是不可想象的。士人出身的皇帝往往保持着很多士人的美好的修养和品质。这一点是被后世所忽略的。

只是此时负责选官的各级"中正"职位已被朝廷上的士族和地方上的大族垄断。但从另一个角度说，当时的人才确实也大多集中在具有累代文化优势的士族行列。寒门出身的人才有没有？当然有。但从数据上来说无法成为主流。

西晋士族盛大，门阀已经形成：琅琊王氏、太原王氏、泰山羊氏、闻喜裴氏、颍川荀氏、颍川陈氏、汝南袁氏、农弘杨氏、陈留阮氏、陈郡谢氏、谯国桓氏、颍川庾氏……士族之间互相联姻，盘根错节。至东晋到顶峰，甚至出现琅琊王氏、颍川庾氏、谯国桓氏、陈郡谢氏四大家族轮流与皇室共和执政的局面，为中国各王朝仅有。而兰亭名士所打造的精神霞光，与竹林名士并为灿烂。

从竹林到兰亭，一代名士人格独立、精神自由、性情率真、爱惜自我，他们不但注重家学家风，第一次发现山水自然之美，又最大限度地发现了个体生命的价值。所以说，门阀世家诞生之初就有着纯正的精神底子。

汉人的士风在南北朝时已经深入人心甚至影响到胡人政权。作为辅臣，鲜卑的北魏政权统一北方，清河崔宏、崔浩父子于谋略上有首席大功，以北方第一高门自称的崔浩，更是在施政中"分明姓族"，计划借鲜卑之手在北方施行"高官与博学合一的贵族政治"。这一激进的举动在中国政治史和社会史上具有重要意义。在当时，崔浩广引北方世家大族进入北魏政权，比如范阳卢氏。两姓自曹魏时即有世交，崔浩时与范阳卢玄友善，动辄言："对子真（玄），使我怀古之情更深。"后来虽因"国史案"崔浩满门被诛，但出于统治需要和追逐时尚，崇尚世家门第之风已流行北魏："魏主（孝文帝）雅重门族，以范阳卢敏、清河崔宗伯、荥阳郑羲、太原王琼四姓，衣冠所推……"

这里说的是，孝文帝钦定"山东（崤山以东，今山西一部分、河北、河南、山东大部分）士族"，以崔、卢、郑、王四姓为一等高门。当时，陇西李冲位居中枢，宠信莫比，与崔、卢、郑、王广结婚姻，陇西李氏也因此上升为一等高门。博陵崔氏和赵郡李氏在北齐时代也急剧上升。

在一种感觉上，好像到唐初，随着政治上的九品中正制和经济上的占田荫客制的废除，以及科举选官制度的诞生，士族们终于走到末日。其实这是一种极大的误解。因为就历史事实看，中国世家贵族时代有两个阶段最辉煌，一是两晋北朝，二就是唐朝。

尤其是安史之乱后，此时建唐功勋关陇军事集团已经消亡，唐朝政治中枢进行了重建，皇帝也不再有意压制世家贵族，后者遂借着日益重要的科举考试的东风再次奇异地辉煌起来（当然，世家贵族中也有蔑视科举考试而秉持传统的门阀观念的，比如以荫入仕的晚唐宰相赵郡李德裕和荥阳郑覃，李德裕"耻与诸生从乡赋，不喜科试""尤恶进士"，讨厌其浮华的作风；

郑覃更是建议废除进士制度）。

这时候，他们深厚的家学知识传统在科考中显示出巨大的优势。

比如荥阳郑氏，盛唐时为宰相者难寻身影，而自中唐开始，连续出现十多位宰相，遂有"郑半朝"之说；又如清河崔氏，有唐一代，十二人出任宰相，"安史之乱"前任宰相的仅有两人。再如范阳卢氏，自中唐起，中进士者超过百人，这一数量令人惊异。要知道，唐时的进士考试是最难的，每年录取不过二十人左右。卢氏能有此成绩，自是借助了传统家学。

回望中古时期，几十个震烁当时的名门，主导了中国这八百年的政治和文化。其中又以下面十七家最辉煌：汝南袁氏（陈郡袁氏）、弘农杨氏、河东裴氏、京兆杜氏、京兆韦氏、琅琊王氏、陈郡谢氏、兰陵萧氏、太原王氏、范阳卢氏、荥阳郑氏、赵郡李氏、陇西李氏、博陵崔氏、清河崔氏、河东柳氏、河东薛氏。

汝南袁氏和弘农杨氏在东汉中期首开世家世代，东汉末年以颍川荀氏和颍川陈氏为大。在"世家贵族政治"正式确立的西晋，河东裴氏和琅琊王氏为双星。至东晋南朝，则是琅琊王氏、陈郡谢氏。北朝则首推清河崔氏、范阳卢氏。唐承北朝而来，此时四大门户已由"崔、卢、郑、王"演化为"崔、卢、李、郑"。

崔、李有两家，加上王，又或"五姓七家"，即博陵崔氏、清河崔氏、范阳卢氏、荥阳郑氏、赵郡李氏、陇西李氏、太原王氏，最为当时社会所推崇。

唐朝四姓或者说"五姓七家"亦骄傲于自己高贵的传统，在唐时耻于跟其他姓氏乃至皇家结亲，以求保持纯洁和高贵的血统。于是有盛唐薛元超一叹："此生所遗憾者，未能娶五姓女！"薛位居宰相之位，其家族又属以"韦、裴、柳、薛"为成员的"关中四姓"之一，但仍如此仰望"五姓七家"，可见其在当时的巨大影响。唐太宗李世民最后无法忍受世家贵族的自负，直接点名"崔、卢、李、郑"，发出迷茫的质问："吾实不解山东四姓为何自矜，而人间又为何重之？！"

在此之前，世民命重臣修《氏族志》，但在初稿中，编修者无视皇室，而将博陵崔氏排为天下第一。后在太宗的干预下，《氏族志》才抬高了皇室，对四姓进行了压制，但没取得实际效果，房玄龄、魏征等重臣依旧费尽心思向"崔、卢、李、郑"求婚。到高宗时，皇帝甚至以法律的形式颁布禁婚诏："后魏陇西李宝，太原王琼，荥阳郑温，范阳卢子迁、卢浑、卢辅，清河崔宗伯、崔元孙，前燕博陵崔懿，晋赵郡李楷等子孙，不得自为婚姻。"

结果依旧不如意，反倒进一步增加了他们的社会分量：

"……皆称'禁婚家'，益自贵。"

到晚唐文宗时，皇帝向宰相荥阳郑覃求婚，希望郑覃能把孙女嫁给皇太子，但郑覃宁可把孙女嫁给时为九品官的清河崔某。为此，文宗无语："民间修婚姻，不计官品而上阀阅。我家二百年天子，顾不及崔、卢耶？"

唐宣宗时，皇帝盼望着将公主嫁给宰相白敏中推荐的荥阳郑颢。但郑颢将娶范阳卢氏女，已赴婚行至郑州，被白敏中所发堂帖追回，被迫娶了公主。虽然此后郑颢一路升官，但却极恨白敏中。恨到什么程度呢？每次见到宣宗时都不由自主地说白敏中的坏话，搞得被称为"小太宗"的宣宗一片凄惨。他明白，郑颢的潜台词是：公主又如何？何如卢氏女？

大唐皇室面对"崔、卢、李、郑"时感到如此渺小和茫然。

一方面跟他们的鲜卑血统有关，但更多的是受制于四姓世家在社会上的巨大威力。压制四姓的同时，他们又称自己祖上出自陇西李氏并以此为荣。这种矛盾和混乱说明了皇室的进退失据。

中古的世家贵族何以如此高傲？

说到世家贵族，很多人首先想到的是政治上累代为官，其次是经济上占有大量田产与佃客，但别忘记还有第三条：深厚的学识修为及其不间断的传递和积累。这是世家贵族之所以成为世家贵族的最根本的一条。没有这一条当初就不可能进入仕途。在门第确立后，虽然也有世家子弟仅凭姓氏身份即可为官，但放眼八百年世家政治时代，其貌似主流但实际上却不是主流。

真正的贵族世家，是非常重视知识素养和对子弟的教育的，这是他们当年崛起的条件，也是他们真正的骄傲所在，更是保持家族荣耀延续的基础。谢安曾问他的孩子们："子弟亦何豫人事，而正欲使其佳？"意思是，你们这些孩子又何尝需要过问朝廷大事，但为什么我还是想把你们培养成为优秀的人才？其侄谢玄答："芝兰玉树，总希望长在自家庭院。"

中古世家贵族之"贵"，就贵在学识、品行和传统，以及拥有这种传统的人在自己身上折射出的从容、优雅、高迈的气质风采。荥阳郑氏和范阳卢氏均以精通儒家经籍著称，各自有着悠久而显赫的家学。其中，范阳卢氏的始祖为东汉末年的名士卢植，其人为经学大师马融的弟子。再以清河崔氏为例，家风以俭朴、孝悌著称，唐时崔群、崔慎由等人身居宰相之位，但生活中俭朴第一，为朝野所敬。这才是与权力、财富没有关系的贵族精神的所在。

所以说，贵族的同义词不是腐朽和没落，而是人的高端的文明；不是物质上的奢侈，不是身份上的等级，而是精神上的境界。在唐时，"崔、卢、李、郑"中，又以陇西姑臧大房李氏、清河小房崔氏、北祖第二房卢氏、荥阳昭国郑氏最为高贵。

以上四家，即使为布衣，仍傲视公卿："姓崔、卢、李、郑了，余复何求耶？"排除里面的清高外，是否也道出他们精神上的富有？而如果没有强大的文化传统，这种富有又如何能支撑得起来？

当然，在世家贵族间也有各种不服。唐时陈郡袁谊为苏州刺史，其属下禀报，说："此州得一长史，是陇西李宣，天下甲门。"袁谊非常不屑，说："你怎么说这样糊涂的话！门户须历代人贤，名节风教，为衣冠顾瞩，始可称举，老夫是也！夫山东人尚于婚媾，求于禄利；作时柱石，见危授命，则旷代无人，何可说之，以为门户！"

在袁谊眼里，"崔、卢、李、郑"是不值一提的。实际上，作为东晋南朝的豪门，袁氏（袁绍之后，汝南袁氏寂灭，袁氏门阀之路，靠陈郡阳夏袁滂一支担起。唐柳芳所说东晋南朝过江侨姓以"王、谢、袁、萧"为大，指的是陈郡阳夏袁氏而非汝南）在唐时已完全衰落，但仍心怀自负，这里依据的也是家族的名望与文化的传承。

各种不服的事还没完。

作为中古世家贵族的崔氏有两支：清河崔氏和博陵崔氏，同在唐时"五姓七家"之列。但二崔在历史上谁的地位更高？一直被学界人物争论不休。传统说法是清河高于博陵。魏孝文帝排士族座次，"崔、卢、郑、王"为一等，这里为首的崔氏指的是清河崔氏。另一个著名证据是，北魏七兵尚书崔休之子崔长孺，在东魏北齐之际负于大名，对好友范阳卢元明说："天下盛门，唯我与尔，博（陵）崔、赵（郡）李，何事者哉！"

清河的心理优势如此。

有一次，大臣赵郡李浑举行宴会，满座喧哗，这时崔长孺来了，于是大家都不敢说话了。这既是崔本人的魅力所在，同时也说明当时清河的威望。但美国汉学家伊沛霞认为，清河高于博陵的说法不可靠：北朝史书虽称"东崔"郡望低寒，但这个"东崔"未必指的是博陵崔氏。博陵、清河都在当今的河北，博陵于地理上在清河正北方。从这个角度去理解，"东崔"概念是不成立的。所以她认为，"东崔"其实是相对于正宗的博陵崔氏而言的，即指的是在博陵东面的"准博陵崔氏"。

其实，即使伊沛霞判断正确，在北朝时，清河的社会地位仍力压博陵。另一个事实是：到了北齐时，博陵崔氏开始上升。这对他们来说只是反超而已。因为在东汉时博陵就出现了名士崔骃、崔瑗、崔寔祖孙三代，而那时清河却没什么人。只是到了曹魏，清河出了崔琰。到北魏，清河因崔宏、崔浩这样辅佐皇帝的铁腕人物的出现而赶超了博陵。不过，在东魏末年北齐之初，因出了与权臣高欢父子关系密切的崔季舒、崔昂、崔暹三人，博陵显示出强劲势头。而此前，因国史案，清河崔浩被灭族。柳暗花明，就在清河面临朝中无人之境时，崔休、崔亮、崔光等人入辅北魏，加之文史界的崔鸿，使得清河崔氏依旧保持了自己的地位。

经隋入唐，事情出现真正变化。唐初定大姓，以博陵崔民干（身具山东士族和关陇集团的双重背景）为天下高门的首席。有唐一代，博陵崔氏出宰相十六人，清河崔氏出宰相十二人，从政治统计学角度说，博陵终于再次反压清河。其中，博陵崔氏第二房人物最盛，出宰相达五人，崔珙一门更是"历台阁、践藩岳者二十余人。大中以来盛族，时推甲等"，被天下推为"士族之冠"。当然，清河始终保持着高傲的心，不承认在博陵之后，他们引以为傲的是家学传统。而且，中晚唐时，清河的势头也不错，崔邠一家"四世缌麻同爨，兄弟六人至三品，邠、郾、郸凡为礼部五，吏部再，唐兴无有也"。

当然，但到了唐末这一切已毫无意义。

随着僖宗时代的到来，黄巢暴起，广明离乱，以至公元905年的"白马之变"，收拾残唐的朱温，将清河崔远、河东裴枢等朝廷上的世家贵族大臣一夕杀于白马驿，随后投入滚滚黄河，一个连绵八百年的时代在残唐五代时突然戏剧性终结。到宋帝国建立，已是完全的平民政治，官员不再讲究出身了，此时距晚唐虽然相隔只有百年，但已再没人提什么士族、门阀、世家、阀阅、大族这样的词了，"五姓七家"的后裔绝无闻人！

一下子就戛然而止了。

美国汉学家谭凯在《中古中国门阀大族的消亡》中认为，士族的消亡直接缘于黄巢和军阀们的直接屠杀。这当然亦存在着疑义。他接下来的发问才是有价值的，那就是：他们的肉体在残唐到五代间被消灭后，到宋朝建立为何没出现新兴的门阀士族？谭凯最后的发问才是探寻中古士族的最关键的问题。但事实上直到现在也没有一个真正有说服力的答案。对于士族在唐朝末年到五代间的消亡，笔者下的定义是：断崖一样的坍塌，即恐龙般突然灭绝。要揭示真正的原因，还需要后人更为细致地秉烛探幽。

现在的问题是，八百年门阀士族或者说贵族时代留给后人的思考是什么？

何为贵。在中国当下，谈到"贵族"二字，人们马上想到一掷千金的人；如果谈到古代的贵族，人们首先想到的则是皇室或跟皇室联姻的外戚。总而言之，围绕着贵族转圈的，似乎除了"财富""奢华"外，就是"腐朽""没落"。

何为贵？

或者说，贵族最初和真正的含义是什么？到现在很多人其实还没搞清楚。

中国不是没有贵族。中国从东汉后期到唐朝末年这八百年就是贵族时代。在传统的历史观下，谈到那个时代的贵族也就是所谓门阀士族或世家大族，人们多半会想到前面说的"腐朽""没落""垄断"乃至于"寄生虫"之类的词。

真的是这样吗？

农民当然伟大。但坦率地说，中国的文化传统是依靠中古门阀士族传承下来的。

正如我们上面所说的，在那个时代，门阀士族之"贵"，首先说的是家学（家族的学术文化）家风（家族的门风传统）之贵。正是因为如此，到了唐朝初期，"崔、卢、李、郑"四大门户在没有高官的情况下依旧赢得天下普遍的敬仰。这是绵延不断的优良的家学家风给他们奠定的崇高的社会地位。即使到了晚唐，四姓仍不愿意与皇室通婚，同样是因为在文化上他们具有巨大的优越感。

我知道中古贵族是暗夜中闪烁的星辰。

对纯正的世家贵族来说，贵，既非政治和经济上的特权，亦非生活里的奢华，正如我们所谈到的，是对文化、学识、德行的尊重与敬仰，是它们在个人身上的展现以及由此形成的累代的风格传统。这是世家贵族的核心的力量。在他们的岁月里，这是常识而已。只是在如今，它变成了一门不可思议的学问。

图书在版编目（CIP）数据

　　被封印的唐史：盛大帝国的朝野死角 / 魏风华著
. -- 北京：现代出版社，2018.1
　　ISBN 978-7-5143-6566-5

　　Ⅰ. ①被…　Ⅱ. ①魏…　Ⅲ. ①中国历史—唐代—
通俗读物　Ⅳ. ①K242.09

中国版本图书馆 CIP 数据核字（2017）第271838号

被封印的唐史：盛大帝国的朝野死角

作　　者	魏风华	
责任编辑	张　霆　邸中兴	
出版发行	现代出版社	
地　　址	北京市安定门外安华里 504 号	
邮政编码	100011	
电　　话	010 - 64267325　010 - 64245264（传真）	
网　　址	www.1980xd.com	
电子信箱	xiandai@vip.sina.com	
印　　刷	三河市宏盛印务有限公司	
开　　本	710mm×1000mm　1/16	
印　　张	19.25	
版　　次	2018年1月第1版　2018年1月第1次印刷	
书　　号	ISBN 978-7-5143-6566-5	
定　　价	49.80元	